Du même auteur

Chez Rando Éditions (Ibos, 65420 France) :

Les Sentiers d'Émilie dans les Alpes-Maritimes

Aux Éditions du Trésor (Route départementale 17, n° 653, 06830 Gilette) :

Agir pour la nature

Activités d'éducation à l'environnement rural et montagnard

Activités d'éducation à l'environnement marin

Espoir de l'an 2000 (préface de Nicolas Hulot)

REMERCIEMENTS

J'adresse tous mes remerciements à M. Clément GENTET qui m'a aidée à actualiser les noms latins des espèces végétales citées et à M. Dominique VIGNAU qui a assuré la frappe du manuscrit.

Ce livre a été imprimé par Pollina à Luçon (85) – France.
Photogravure de Photogravure d'Aquitaine à Bordeaux (33).
ISBN : 2.87901.560.X – Éditeur : 16233.01.05.03.05 – N° d'impression : L96260

Josette Dejean-Arrecgros

Itinéraires fleuris de la Côte d'Azur

ÉDITIONS SUD OUEST

À la mémoire de mon mari
le professeur Louis Dejean

I.
Avant-propos

« Aimer les plantes,
c'est plus qu'aimer son prochain,
c'est croire à la perfection,
c'est vouloir le bonheur,
c'est atteindre la paix. »

Y. Gastaud

Vingt-cinq ans après la première parution des *Itinéraires fleuris de la Côte d'Azur* chez Delachaux et Niestlé, je me réjouis de cette seconde édition par les Éditions Sud Ouest.

Malgré le bétonnage du littoral méditerranéen, ce que j'écrivis en 1977 est toujours exact : « Il n'existe nulle part au monde une région où l'on puisse découvrir, de 0 à 2300 mètres, un panorama aussi complet du monde végétal. »

Je dirai même qu'aujourd'hui, les jardins azuréens sont encore plus beaux : des plantations nouvelles accompagnent les zones d'extensions urbaines. Chaque municipalité fait un effort tout particulier pour la fleurir en toutes saisons.

Quant à l'arrière-pays, il a conservé toutes les beautés de sa flore indigène.

Je n'ai donc fait qu'actualiser les circuits proposés qui peuvent être prolongés avec les *Sentiers d'Émilie des Alpes-Maritimes* (Rando Éditions) par de petites promenades pour tous, ou pour des randonnées plus longues pour les bons marcheurs, avec les sentiers balisés par le conseil général sur le littoral, le moyen et le haut pays.

Toujours préoccupée par l'éducation à l'environnement et la protection de la nature, je tiens, comme dans la première édition, à initier le lecteur à la **compréhension des paysages botaniques** rencontrés dans tous les étages de végétation, avec leurs climats spécifiques et sur des sols très variés.

L'hiver, sur le littoral pour découvrir la végétation exotique des parcs, jardins et villes.

Au printemps, sur les collines du moyen pays dans les forêts, garrigues et maquis.

L'été, c'est dans le haut pays que vous admirerez, en compagnie des troupeaux, la végétation subalpine et alpine, en particulier dans le parc national du Mercantour. Dans nos Alpes d'Azur, les premières

fleurs apparaissent fin avril, avec un mois d'avance par rapport aux Alpes du Nord.
Dès l'automne, les mélèzes jaunissants vous invitent à redescendre vers le littoral.
Jusqu'à la mi-novembre, au milieu des sapins et pins toujours verts, les espèces à feuilles caduques forment des îlots de couleurs flamboyantes. Ce n'est qu'en décembre que, peu à peu, les arbres se dépouillent. Mais déjà, sur le littoral, les premiers mimosas commencent à fleurir et c'est le début d'un nouveau cycle de douze mois de floralies ininterrompues de la mer à la montagne...

Gilette, le 20 octobre 2004

II.
Les quatre saisons fleuries de la Côte d'Azur

Itinéraires d'hiver

L'aspect exotique de la végétation surprend toujours le voyageur qui découvre la Côte d'Azur. On peut en effet se demander pourquoi et comment tant d'espèces de toutes les parties du monde ont si bien pu s'acclimater dans cette région.

D'une part, il y a les conditions climatiques privilégiées. Cette zone, appelée souvent **zone de l'oranger**, s'étend le long du littoral, d'Hyères à Menton, et au-delà sur la Riviera ligure, puis pénètre à Grasse jusqu'à 350 m, à 14 km de la mer. Dans cette zone, la moyenne des températures hivernales est d'environ 10 °C. Les gelées sont rares (tableau 1, p. 10).

D'autre part, il y a la masse isotherme de la Méditerranée (13 °C l'hiver). Le cirque protecteur des montagnes met la végétation à l'abri des vents froids (100 jours de mistral à Marseille, 5 seulement à Nice, en moyenne, par an).

La répartition particulière des zones de hautes et de basses pressions donne deux saisons bien tranchées: l'hiver doux et humide, l'été sec et chaud. L'ensoleillement (tableau 2), 270 jours par an à Nice en majeure partie contre 160 jours à Paris, et aussi la grande actinométrie (c'est-à-dire la quantité de calories que reçoit du soleil 1 cm^2 de feuillage, par exemple) confèrent au climat de la Côte d'Azur des caractères communs à celui des régions subtropicales.

À ces données générales il faut ajouter l'existence de nombreux méso et microclimats, comme à Menton, Monaco, Beaulieu qui jouissent d'une luminosité exceptionnelle, de faibles écarts de températures diurnes et nocturnes et d'un degré hygrométrique élevé (80 à 85°).

Nous comprenons ainsi que des plantes provenant de toutes les régions subtropicales puissent s'adapter.

Nous allons, au cours de nos promenades, trouver des exemples de plantes originaires d'Afrique, du Japon, du Mexique, de Californie, d'Australie, etc.

Certaines espèces des régions semi-tropicales pourront être acclimatées en leur offrant des zones aux microclimats plus chauds, comme à Beaulieu ou à Menton, et en les entourant de soins (protection l'hiver contre le froid et les vents, arrosages, etc.).

STATION	Janvier	Février	Mois de mars à octobre	Novembre	Décembre	TOTAL ANNÉE
NICE, altitude 5 m	3	2			3	8
Minimum absolu	– 2 °C 1999	– 0,5 °C 1993	NÉANT		– 0,4 °C 1996	
ANTIBES, altitude 30 m	23	20		1	19	62
Minimum absolu	– 4 °C 2000	– 3,5 °C 1999	NÉANT	– 0,5 °C 1999	– 0,5 °C 1995	
MENTON, altitude 16 m Minimum absolu	1 – 0,5 °C 2000		NÉANT			1

Tableau **1. Jours de gelée sur le littoral entre 1993 et 2003** (renseignements communiqués par Météo-France Nice).

NICE (altitude 5 m)	Janvier	Février	Mars	Avril	Mai	Juin	Juillet	Août	Septembre	Octobre	Novembre	Décembre	TOTAL ANNÉE
2001	122,7	195,1	195,1	270,1	217,5	356,2	345,7	345,9	264,2	218,0	161,3	195,5	2887,2
2002	172,9	166,8	224,8	213,7	263,2	321,6	317,2	297,9	240,0	199,5	120,1	103,5	2641,1
2003	181,5	188,2	256,6	224,4	290,5	346,2	387,9	311,5	263,9	176,5	116,6	130,9	2883,5
Normales (1971-2000)	155,9	130,3	203,9	214,1	261,5	293,0	333,6	305,9	238,1	192,4	157,6	150,9	2663,0

Tableau **2. Nombre d'heures mensuelles d'ensoleillement** (renseignements communiqués par Météo-France Nice).

Itinéraire n° 1

La végétation exotique des jardins publics

Intérêt

Observer les principales essences d'arbres exotiques, *palmiers* en particulier.

Itinéraire

Cet itinéraire est simple : il consiste à explorer les jardins et les avenues, par exemple à Nice, la promenade des Anglais, le square Albert-Ier, le square Alsace-Lorraine, la villa *Paradisio*, le parc de la faculté des sciences de Valrose, la Croisette à Cannes, le parc de Golfe-Juan, les jardins du casino de Beaulieu, Monaco, Menton, etc. Et, bien sûr, ne manquez pas de visiter la villa *Thuret* à Antibes qui possède, entre autres, une magnifique collection de palmiers (voir **Itinéraire n° 4**).

Description botanique

Le développement de la végétation exotique sur la Côte d'Azur date du XIXe siècle. Il y eut au départ les jardins d'acclimatation d'Hyères, de Toulon, de Golfe-Juan, de la villa *Thuret* à Antibes, les apports de collections privées des propriétaires des villas, celles des comtes de Pierlas, de Vigier, d'Ephrussi de Rothschild, d'Hanbury à Mórtola, peu après la frontière entre Menton et Vintimille (voir **Itinéraire n° 5**), et la création des jardins exotiques de Monaco et de Menton.

Les premiers plants acclimatés se reproduisirent rapidement par semis, marcottages, bouturages, et bientôt toutes les villas, les jardins, les avenues s'ornèrent de ces espèces exotiques qui transformèrent rapidement la Côte d'Azur en un immense jardin subtropical.

Aujourd'hui, seuls les oliviers, pins et caroubiers nous rappellent que nous sommes sur les rivages méditerranéens.

Les arbres qui retiennent en premier lieu l'attention sont indiscutablement les palmiers.

Ils n'ont pas de tronc mais un *stipe*. Il n'y a pas, comme chez les arbres communs, de formation de bois ; le stipe est formé d'un assemblage de gros faisceaux conducteurs de sève, noyés dans un tissu de soutien mou. Sectionné, on dirait une éponge.

De plus, le palmier ne possède pas de branches. Il est couronné par un bouquet de grandes feuilles entre lesquelles se trouve le bourgeon terminal qui assure l'allongement et la formation de nouvelles feuilles.

Quelques espèces communes

Le plus petit est le *palmier nain*. Son pays d'origine ? La Côte d'Azur ! C'est le seul palmier européen ; il existe sur tout le littoral méditerranéen à l'état spontané.

Sur la Côte d'Azur, il a presque complètement disparu de la végétation naturelle (arraché pour être replanté dans les jardins) sauf dans des lieux très protégés comme le domaine de l'observatoire de Nice ou sur le rivage de l'Estérel. En revanche, la variété horticole est facile à se procurer. Bien soigné, il développe même en pot ses feuilles en éventail qui lui donnent un aspect très décoratif. Il est très rustique et supporte aussi bien les gelées que la sécheresse. Une espèce voisine est le *chamærops élevé* qui vient du Japon. Tout menu, parfois très haut, il fait un peu figure de parent pauvre lorsqu'il est planté au voisinage d'autres grands palmiers. Mais il peut résister à – 12 °C. Aussi le rencontre-t-on parfois très loin de la Côte d'Azur : nos amis suisses sont fiers d'en posséder sur les rives du Léman, à Montreux !

Nous ne pouvons pas décrire toutes les espèces de palmiers acclimatés sur la Côte d'Azur. Nous nous limiterons aux plus communes, laissant au promeneur la joie d'en découvrir d'autres.

Faites une photographie. Observez la hauteur des feuilles (couleur, longueur, pennées[1] ou en éventail), l'aspect du stipe, des cicatrices foliaires, des fruits. On peut en récolter facilement et les faire germer en pot en appartement.

Dans tous les parcs, les jardins, les avenues, un autre palmier très répandu est le *phœnix des Canaries*, aux feuilles pennées d'un beau vert foncé. Cette espèce originaire des îles Canaries est très rustique et il suffit de faire germer des graines pour obtenir très facilement de jeunes sujets pour jardins, terrasses et appartements.

Au moment de la fête des Rameaux, devant les églises, on propose des croix confectionnées avec des folioles blanches de palmiers. Les jeunes feuilles sont attachées en faisceaux au mois de septembre et blanchissent à l'abri de la lumière.

Une autre espèce remarquable est le *palmier dattier*. Au niveau du quai des Ponchettes, à Nice, il y en avait de superbes, immortalisés par Raoul Dufy, et qui faisaient partie du patrimoine culturel de la ville. Vers 1975, ils ont été abattus sans scrupules, pour laisser place aux flots polluants des voitures ! Les palmiers dattiers sont de plus en plus recherchés pour leur effet décoratif, d'Antibes à Menton ils sont nombreux à orner les avenues. Espérons que dans quelques décennies, ils ne subiront pas le même sort que ceux de la promenade des Anglais !

Les feuilles du palmier dattier sont longues de 1,50 à 2 m et pennées. Leur pétiole est aussi long que le limbe, garni de pointes. La base, ou gaine, s'insère sur le stipe et laisse une cicatrice caractéristique lorsque la feuille tombe.

[1] C'est-à-dire que la partie verte, ou limbe, est formée de folioles disposées comme les barbes des plumes.

> CI-DESSUS À GAUCHE

Palmier dattier.

> CI-DESSUS À DROITE

Palmier nain.

> CI-CONTRE

Phœnix des Canaries.

CI-DESSUS

>Palmeraie de palmiers dattiers à Bordighera.

>La villa *Garnier* à Bordighera, du même architecte que l'opéra de Paris et que la grande coupole de l'observatoire de Nice.

CI-CONTRE

> Livistone d'Australie.

> Cocotier de Romanzoff.

On distingue les dattiers mâles qui portent des inflorescences de fleurs mâles pourvues d'étamines et d'où s'échappe le pollen, et les dattiers femelles dont les fleurs à pistil donnent naissance après fécondation par le pollen aux régimes de dattes sucrées.
Sur la Côte d'Azur, certains arrivent à mûrir dans les endroits abrités. Sur la Riviera italienne, à Bordighera par exemple, il existe de véritables palmeraies de palmiers dattiers, en particulier sur la route qui monte du littoral à la villa que construisit le célèbre architecte de l'opéra Garnier à Paris. Pendant quelques centaines de mètres, on pourrait se croire au cœur d'une oasis saharienne !
Le *jubée remarquable* ou *cocotier du Chili* est un palmier splendide au stipe lisse, aux grandes feuilles pennées vert glauque. Les fruits sont comestibles. On peut en observer de très beaux exemplaires à la villa *Thuret*, à Antibes, et dans le parc de la villa *Paradisio* (conservatoire de musique de Nice).
Le *pritchardie filifère* vient de Californie. C'est un palmier très majestueux avec ses belles et grandes feuilles en éventail qui possèdent des filaments blancs ; dans le vent, on dirait une chevelure. On en trouve de très beaux exemplaires au jardin Albert-Ier, à Nice, et dans beaucoup d'autres parcs et avenues de la Côte d'Azur.
Le *palmier bleu*, encore appelé *palmier de Californie*, présente de grandes feuilles d'un bleu glauque un peu argenté. La hampe florale élégamment courbée qui se développe l'été dépasse les feuilles et porte des centaines de petites fleurs blanches. Il y en a de très beaux sur la promenade de la Croisette, à Cannes.
Les cocotiers ne sont représentés que par quelques espèces. Hélas, le splendide *Cocos nocifera* des tropiques (celui qui fournit la noix de coco) ne peut pas s'acclimater en plein air dans nos régions. Il vous faudra, pour assouvir vos rêves d'exotisme, vous contenter du *cocotier de Romanzoff* qui est tout de même une magnifique espèce de 8 à 12 m. On en trouve de fort beaux dans la région de Cannes, à Golfe-Juan et à Menton, en particulier sur l'avenue de Verdun, récemment restructurée, qui mène à la sortie de l'autoroute A8 au bord de mer.
Je tiens personnellement à attirer l'attention des lecteurs sur cette remarquable réalisation écologique à Menton, la ville des jardins et des fleurs. C'est un véritable jardin botanique que les promeneurs, mais aussi les automobilistes, parfois immobilisés par les embouteillages aux heures de pointe, peuvent contempler. Entre montagne et mer, c'est une opportune évasion tropicale. C'est la Côte d'Azur conforme à nos rêves... un merveilleux itinéraire fleuri en toutes saisons.
On rencontre aussi, mais plus rarement, le *cocotier flexueux du Brésil*, au tronc lisse, le *cocotier austral* qui fournit une petite noix de coco au goût d'ananas, et le *Cocos capitata*, de 3 à 4 m seulement, qui donne aussi une petite noix de coco à chair jaune abricot.
La Chine nous a fourni un *livistone* aux grandes feuilles palmées, de 1,50 mètre de diamètre, qui porte d'énormes grappes de petits fruits en forme d'olive.

Collection de palmiers. Villa *Maria Serena*, Menton.

Un autre livistone venant d'Australie est assez fréquent : il a un stipe de 10 à 12 m, renflé à la base, et se distingue du livistone de Chine par ses feuilles plus vertes, munies d'épines noirâtres et ses fruits globuleux moins serrés.

Bien d'autres arbres et arbustes retiennent notre attention.

Le cycas pourrait être confondu soit avec un petit palmier, à cause de ses feuilles pennées, soit avec une fougère arborescente. Son mode de reproduction, avec des fleurs mâles en écaille, des sacs polliniques et des fleurs femelles à ovules nus, le fait classer parmi les gymnospermes, c'est-à-dire dans le même groupe que les pins.

Le *cycas revoluta*, l'une des espèces les plus communes, nous vient du Japon.

Les araucarias ressemblent à des « sapins tropicaux » ; ce sont des arbres majestueux, aux grosses aiguilles imbriquées et piquantes.

L'*araucaria élevé* est originaire d'Australie, le *bidvilli* vient du Brésil.

De jolis arbustes verts, les aralias, sont très fréquents dans les jardins ; ce sont des lierres exotiques aux feuilles palmées très ornementales.

L'aralia à feuilles de nénuphar est un arbre de 2 à 4 m qui possède de grandes feuilles arrondies vert foncé ; il est particulièrement décoratif sur les pelouses.

Noms scientifiques des espèces citées dans cet itinéraire

Aralia à feuilles de nénuphar	*Oreopanax nimphaefolius* Denc. et Planch.
Araucaria élevé	*Araucaria heterophylla* (Salibs) Franco
Cocotier austral	*Cocos australis* Martins.
Cocotier de Romanzoff	*Cocos romanzoffiana* (Cham.) Glassman
Cocotier flexueux	*Cocos flexuosa* Hort. Denc. et Planch.
Jubée remarquable ou cocotier du Chili	*Jubaea chilensis* Baill.
Livistone d'Australie	*Livistona australis* Marb.
Livistone de Chine	*Livistona chilnensis* Baill.
Palmier bleu, palmier de Californie	*Brahema armata* s. Wats
Palmier dattier	*Phoenix dactylifera* L.
Palmier des Canaries	*Phoenix canariensis* Hort.
Palmier élevé	*Chamærops excelsa* Thum.
Palmier nain	*Chamærops humilis* L.
Pritchardie filifère	*Pritchardia filifera* Lind.
Sabal de Caroline	*Sabal palmetto* Lodd.

Mimosa dealbata.

Itinéraire n° 2

Les villas fleuries de la Côte d'Azur

Intérêt

Observer les principales espèces exotiques décoratives.

Itinéraires

Tous les quartiers résidentiels des villes et des stations de la Côte d'Azur permettent de découvrir des jardins fleuris en hiver.
Les itinéraires se feront de préférence à pied. Je me bornerai donc à citer ceux où j'ai réalisé mes photos à titre d'exemple.

> Au cap de Nice

Depuis le port, longez la mer jusqu'au jardin public Théodore-de-Banville, passez devant le musée de Préhistoire, la grotte du Lazaret, le restaurant *Coco Beach* et remontez l'avenue du Cap-de-Nice jusqu'à la Moyenne Corniche (ou le trajet inverse si vous préférez descendre).

> À Èze-sur-Mer

Quittez la route nationale de la Basse Corniche et prenez sur la gauche l'une des routes qui serpentent entre les villas étagées.

> À Cap-d'Ail

Quittez la route nationale de la Basse Corniche et descendez à droite vers la gare, puis vers la mer.

Toutes les routes secondaires du cap d'Antibes, du cap Ferrat, du cap Martin desservent des villas somptueuses entourées de magnifiques jardins qui possèdent souvent des espèces rares.
Si l'on veut en même temps voir les cultures florales et les plantations d'orangers, citronniers, pamplemoussiers, je signale, parmi tant d'autres, deux très belles promenades que l'on peut faire en voiture, ou mieux, à pied.
> Celle de la Corniche fleurie : prenez à l'ouest de Nice l'avenue de la Lanterne qui monte par la corniche vers Saint-Antoine-Ginestière.
> Celle du mont Boron : au plateau du mont Boron, redescendez vers la Basse Corniche au milieu des cultures florales et des plantations d'agrumes.
Pour les mimosas, en plus du circuit classique mais très beau dans le massif du Tanneron à faire en février (Cannes, Mandelieu, visite des forceries et Tanneron), je vous recommande un circuit un peu moins long, mais également très pittoresque et fleuri : de Golfe-Juan à Vallauris par la D 135, de Vallauris à Super-Cannes par la D 803 et Le Cannet par le chemin des Collines. Pour prolonger à pied, voir *Les Sentiers d'Émilie* (promenades 4, 6, 7, 8).

Forêt de mimosas du Tanneron au-dessus de la rade de Cannes.

Recommandations

Il faut bien sûr éviter de couper des fleurs ou des branchages, même s'ils pendent en dehors des murs d'une propriété.
Si l'on désire faire des photographies, il est préférable de demander l'autorisation. J'ai pour ma part trouvé le meilleur accueil auprès des propriétaires et c'est grâce à leur amabilité que j'ai pu réaliser les photographies de cet itinéraire.

Description botanique

Dans l'impossibilité de présenter toutes les espèces exotiques que l'on peut découvrir, je m'attacherai à décrire quatre genres particulièrement somptueux : les mimosas, les bougainvilliers, les hibiscus, les poinsettias.

> Les mimosas

Botaniquement, ce sont des acacias. Ne pas confondre avec le robinier faux-acacia, arbre commun souvent appelé « acacia », qui porte au printemps des grappes blanches odorantes.
Les vrais acacias, ou mimosas, sont des arbres ou des arbustes appartenant à la grande famille des légumineuses (comme la fève ou le haricot) appelée aujourd'hui fabacées, tribu des mimosacées. Les fleurs sont petites, groupées en pompons jaunes odorants. Les fruits sont des gousses qui renferment des graines germant facilement. La plupart des espèces

Chemin dans la forêt de mimosas.

EN HAUT: mimosa chenille.
EN BAS: mimosa motteana.

sont originaires d'Australie. Elles préfèrent les terrains siliceux. Si nous les trouvons partout sur la Côte d'Azur dans les jardins, elles ne poussent à l'état subspontané que dans les régions où le calcaire est absent: Biot, Vallauris, Cannes, massifs du Tanneron et de l'Estérel.

L'espèce la plus commune est le *mimosa blanchissant*; ses feuilles sont composées, pennées. Il existe de nombreuses variétés horticoles qui étagent leur floraison de janvier à mars.

On active l'éclosion des boutons floraux en plaçant les tiges dans des pièces saturées d'humidité, à une température de 30 °C: c'est le « forçage ».

Le *mimosa des quatre saisons* possède des « feuilles » simples (ce sont en fait des phyllodes ou pétioles élargis). C'est l'espèce la plus rustique et la seule qui supporte le calcaire. Elle sert de porte-greffe lorsqu'on veut cultiver des mimosas d'autres espèces sur terrains calcaires.

Le *mimosa bleuissant* est le plus précoce: il fleurit dès novembre. On le reconnaît à son feuillage vert bleuté. Il craint les gelées, aussi le rencontre-t-on surtout dans les endroits abrités: sur la Riviera ligure, avant Ospedaletti, à la Madone de la Ruota, et sur le bord même de la route du bord de mer, il y a des terrasses entières couvertes de cette espèce.

Le *mimosa coutré*, aux feuilles en forme de soc de charrue, est très souvent cultivé, ainsi que l'espèce *Baileyana* aux feuilles pennées bleu-vert.

Bougainvillier rouge à Menton.

> Les bougainvilliers

Ce sont des arbustes grimpants originaires du Brésil, dédiés au navigateur Bougainville. Si leurs fleurs proprement dites sont insignifiantes, elles sont entourées de magnifiques bractées de couleurs éclatantes. La variété la plus commune, la plus rustique, est violette. On l'utilise en palissade sur les murs ensoleillés (schéma 1).

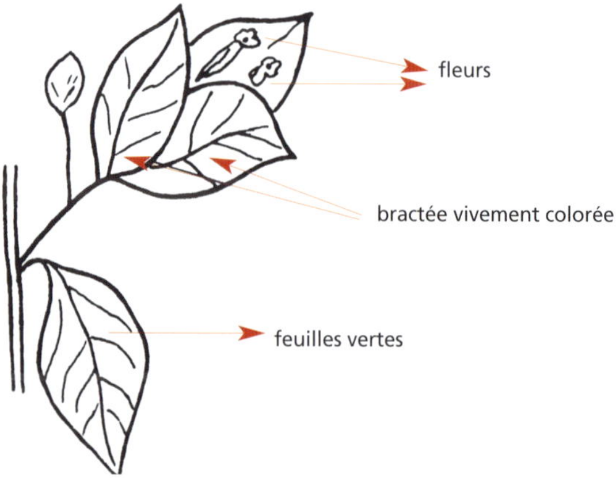

Schéma 1. Bougainvillier : rameau floral.

Poinsettia.

> Les poinsettias

Ce sont des euphorbes du Mexique et d'Amérique du Sud remarquables par leurs bractées colorées en rouge ou en rose (schéma 2). Au moment de Noël, elles sont vendues en pot, mais on peut, dans des endroits très abrités, en plein soleil, les laisser pousser en pleine terre. Elles forment alors des massifs éclatants en plein hiver. La floraison a lieu aux environs de Noël et ensuite la plante redevient verte.

Aux Antilles, on les désigne sous le nom de « six mois rouges – six mois verts », ce qui correspond exactement à leur cycle de végétation.

Il est possible d'en observer de beaux spécimens en pleine terre dans les jardins de Menton et sur la Riviera ligure.

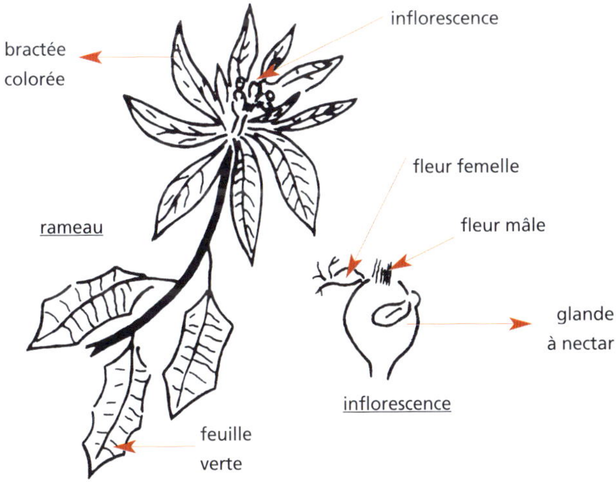

Schéma 2. Poinsettia

(d'après L. et F. Chabouis, *Petite Flore de Tahiti*, Société des océanistes, Paris)

Hibiscus.

> Les hibiscus

Les hibiscus sont des arbustes originaires de l'Inde qui se parent de grandes fleurs colorées rappelant un peu celle de la mauve, avec un long pistil pendant, entouré d'étamines soudées par leur filet.

La fleur ne dure qu'un jour, mais d'autres boutons éclosent chaque matin. Ce sont ces fleurs que les Tahitiennes portent par coquetterie pour orner leurs chevelures. La variété la plus fréquente est rouge. Il y en a des roses, des blancs, des orange, des simples, des doubles, à pétales entiers ou frisés.

Dans les pays tropicaux, aux Antilles en particulier, ces arbustes sont très rustiques et se bouturent aussi facilement que des géraniums.

Sous les climats méditerranéens, si on leur offre une exposition ensoleillée dans une terre légère mais riche et bien arrosée, ils se développent fort bien. On peut même les faire pousser sur un balcon et les faire fleurir l'hiver en appartement.

Noms scientifiques des espèces citées dans cet itinéraire

Bougainvillier élégant	*Bougainvillea spectabilis* Hort.
Hibiscus rose de Chine	*Hibiscus rosa sinensis* L.
Mimosa blanchissant	*Acacia dealbata* Link.
Mimosa bleuissant	*Acacia motteana* L.
Mimosa coutré	*Acacia cultriformis* A. Cunn.
Mimosa des quatre saisons	*Acacia retinoïdes* Schlecht
Poinsettia	*Poinsettia pulcherrima* Graham

Itinéraire n° 3

Les plantes succulentes des jardins d'hiver

Intérêt

Le but de cet itinéraire est de donner un panorama d'ensemble des plantes succulentes en insistant sur les groupes les plus importants et les mieux acclimatés sur la Côte d'Azur.
Les plantes succulentes sont tellement abondantes sur la Côte d'Azur qu'on pourrait croire qu'elles sont indigènes.
En fait, ces plantes proviennent pour la plupart des déserts d'Amérique ou d'Afrique.

Itinéraires

Pour les découvrir, je vous conseille de vous rendre au Jardin exotique de Monaco qui présente une des plus belles collections de la région. En janvier-février, lorsque les aloès fleurissent, visitez aussi les jardins de Menton et d'Hanbury (**Itinéraire n° 5**). Dans les jardins publics, les avenues, au bord de mer et également sur la Riviera ligure, vous pourrez aussi admirer des espèces communes, mais qui ont atteint dans ces biotopes privilégiés la même exubérance et le même développement que dans leurs pays d'origine.

Description botanique

Qu'est-ce qu'une plante succulente ?
C'est avant tout une plante adaptée à la vie dans les régions désertiques ou de faible pluviosité. Autrefois, on appelait ces spécimens « plantes grasses », en raison de leurs tissus gorgés d'eau qui leur donnent un aspect gonflé ou obèse.
Pas de feuilles, des tiges énormes, parfois déformées, des tissus externes épais pour ralentir la transpiration, des racines longues et pénétrantes pour chercher l'eau profondément ou en surface pour pomper toute l'eau de ruissellement quand il y en a, telles sont leurs caractéristiques.
Ce sont des plantes remarquables, passionnantes, qui ne demandent que du soleil et offrent la splendeur de leurs fleurs éphémères.
En pot, elles sont déjà très intéressantes, mais lorsque l'on peut observer, comme c'est le cas au Jardin exotique de Monaco, des exemplaires adultes, rassemblés dans un milieu rappelant leur biotope naturel, il faut louer la mémoire du général Weber qui, sous Napoléon III, rapporta à Monaco les premiers échantillons. Par la suite, d'autres botanistes se sont succédé pour enrichir cette collection, permettant la diffusion des plus belles espèces dans tous les jardins de la Côte d'Azur.

Citons en particulier Augustin Gastaud, chef jardinier des jardins princiers de Monaco, qui rassembla une importante collection de cactées et fut à l'origine des célèbres jardins de la principauté. Son œuvre fut continuée par ses descendants qui fondèrent les Établissements Gastaud à Roquebrune-Cap-Martin.
En plus de toutes leurs vertus, les plantes succulentes se multiplient avec une extrême facilité : une toute petite bouture d'une variété de ficoïde aux fleurs étoilées rutilantes, rapportée d'une oasis saharienne, ayant survécu à quinze jours de voyage sans air dans les bagages, m'a donné des touffes énormes à floraison continue !
Les plantes succulentes appartiennent à de nombreuses familles. Nous nous limiterons aux groupes les plus répandus : les cactacées, les aloès, les agaves, les ficoïdes.

> Les cactacées
C'est une grande famille de près de 2000 espèces toutes originaires du continent américain à l'exception d'une (le *Rhipsalis baccifera*). Celles que l'on rencontre en Afrique ou en Europe y ont été introduites. Certaines poussent dans la cordillère des Andes, à 6000 m d'altitude !
Leurs formes sont étranges : colonnes verticales, tiges en articles aplatis ou *raquettes*, gros coussins épineux (schéma n° 3). Elles offrent toutes les fantaisies possibles. Un seul impératif : ne pas perdre d'eau. Aussi chercherez-vous en vain les feuilles sur les tiges : il n'y a que des épines ! Épines barbelées qui se plantent dans la peau et qu'il est très difficile d'extraire. C'est le seul reproche que nous pouvons faire à ces plantes. Sur la surface des tiges, on observe des dépressions (ou *aréoles*) garnies encore d'épines et où naissent les rameaux nouveaux et les fleurs. Celles-ci sont très belles, blanches ou colorées avec un nombre indéterminé de sépales et pétales disposés en spirale. Les étamines sont nombreuses, l'ovaire est infère et se transforme en une baie.

> Les *Opuntia* ou figuiers de Barbarie ou d'Inde
Ces plantes sont originaires des Antilles, appelées autrefois « Indes occidentales ». En Italie du Sud, en Corse, en Sicile, en Espagne du Sud, en Afrique du Nord, on les cultive et on en fait des clôtures impénétrables. On consomme les fruits après avoir enlevé les épines.
Il suffit de planter une « raquette » pour obtenir au bout de quelques années un beau sujet, mais si l'on repique un exemplaire de grande taille, la reprise se fait bien et la floraison est évidemment plus rapide.

> Les cierges
Ils possèdent une tige énorme en forme de candélabre qui peut atteindre plusieurs mètres de hauteur. Les fleurs sont très grandes, très belles, mais de courte durée. L'espèce la plus répandue est le *cierge du Pérou*. On peut observer le *cierge monstrueux* qui ressemble à un rocher, le *cierge serpent* à tiges rampantes, le *cierge magnifique* aux fleurs rouges.

Cierge. Jardin exotique de Monaco.

Vue sur le rocher de Monaco depuis le Jardin exotique.

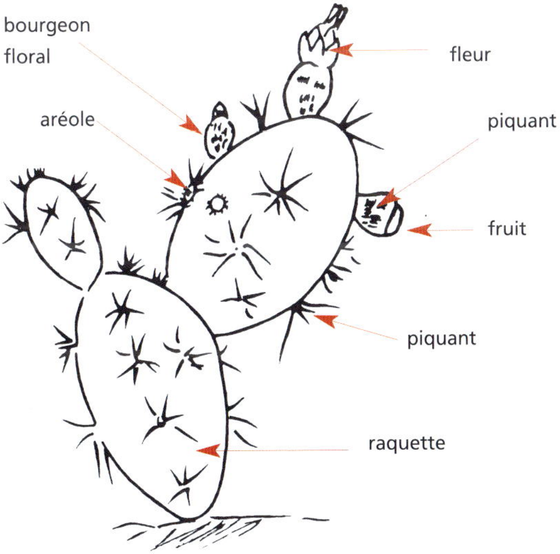

Schéma 3. Opuntia (figuier de Barbarie).

Echinocactus.

Aloès en fleurs, sentier du Cap.

Les *echinocactus* sont en forme de gros coussins épineux surnommés « coussins de belle-mère », garnis de côtes longitudinales symétriques.
Les *Epiphyllum*, originaires du Brésil, ou *cactus de Noël*, sont formés de gros articles charnus, verts, qui se couvrent de fleurs rose-rouge, avec des étamines dépassant la corolle.
Les *Mamillaria* possèdent une tige cylindrique garnie de mamelons en spirale autour de la tige.

> Les aloès

Ils appartiennent, comme notre lys, à la famille des liliacées. Ils sont originaires d'Afrique australe, ce sont des plantes merveilleuses par la beauté de leurs feuilles charnues, à pointes souples, et surtout par celle de leurs hampes florales rouges ou jaunes qui apparaissent dès janvier.
Ces plantes, en plein hiver, sont la parure de tous les jardins publics ou privés des bords de route, de toutes les rocailles. Il y en a en abondance à Nice et à Vintimille. La route de la Basse Corniche, à la fin du mois de janvier, est un itinéraire fleuri que je vous recommande.
Si vous le pouvez, poursuivez jusqu'en Italie par la route du bord de mer jusqu'à San Remo : pendant 30 km, elle est bordée d'aloès presque sans interruption !
Comme pour les cactus, il suffit d'offrir à ces plantes du soleil pour les

Aloès.

Agave.

voir fleurir en pots. Trois boutures plantées à Gilette (450 m), plein sud contre un mur, m'ont donné des fleurs la deuxième année, sans aucun soin, dans une mauvaise terre. Tous les ans, les hampes de couleur corail apparaissent dès janvier et leur floraison dure un mois.
Les espèces les plus communes sont :
– L'*aloès arborescent* qui atteint 2 à 3 m, avec des feuilles renversées, dentées et des hampes magnifiques.
– L'*aloès glauque*, encore plus majestueux pour décorer les massifs.
– L'*aloès cilié* qui forme de gros buissons garnis d'une multitude de grappes rouge vif ; pour les bordures ou dans les rocailles, on emploie surtout l'*aloès en ombelle* aux fleurs légères.

> Les agaves
Ils sont souvent confondus avec les aloès. Aucune erreur n'est possible : les agaves ont des feuilles bordées d'épines acérées. Originaires du Mexique ou des Antilles, ils appartiennent à la famille des amaryllidacées.
Les pieds adultes sont énormes, les feuilles épineuses vert glauque ont jusqu'à 2 m de longueur, 15 à 20 cm de largeur, et les fleurs n'apparaissent qu'au bout de 10 à 15 ans, groupées sur un énorme candélabre de 3 à 4 m qui épuise, au cours de sa croissance, toutes les réserves du pied. Après sa floraison, la plante meurt.

Tapis de Ficoïdes.

Les agaves sont devenus subspontanés et envahissent les talus et les rochers. On les rencontre jusqu'à 600 m d'altitude parce qu'ils supportent mieux les gelées que les aloès.
L'espèce la plus répandue est l'agave d'Amérique, avec de nombreuses variétés aux feuilles panachées. L'*agave féroce*, avec ses feuilles vertes munies d'épines acérées, est très décoratif sur une pelouse.
Au Mexique, les agaves sont utilisés comme fibres textiles (sisal) et la sève sert à la fabrication de boissons alcoolisées (tequila).

> **Les ficoïdes**, ou *Carpobrotus*, sont également des plantes succulentes si répandues qu'on les croirait indigènes. Ils nous viennent d'Afrique australe.
Le *ficoïde edule*, appelé « griffes de sorcière » en raison de la forme de ses feuilles charnues, se rencontre sur les rochers du rivage. Il se pare au printemps d'énormes et magnifiques fleurs violettes ou blanches.
Le *ficoïde remarquable* a des fleurs rouge vif et sert à la décoration des massifs.
Ils se multiplient avec une extrême facilité par bouture, mais ce sont des plantes envahissantes qui doivent être utilisées pour recouvrir de grandes surfaces.
Si les mimosas et les aloès sont les vedettes de ces floralies hivernales, des centaines d'autres espèces plus rares et plus fragiles restent à dé-

couvrir. C'est dans les célèbres jardins botaniques de la côte que nous allons maintenant les admirer.

Noms scientifiques des espèces citées dans cet itinéraire

Agave d'Amérique	*Agave americana* L.
Agave féroce	*Agave ferox* C. Koch.
Aloès arborescent	*Aloe arborescens* Mill.
Aloès cilié	*Aloe ciliaris* Haw.
Aloès en ombelle	*Aloe umbellata* D.C.
Aloès glauque	*Aloe glauca* Mill.
Cierge du Pérou	*Cereus peruvianus* Tibern.
Cierge monstrueux	*Cereus monstruosus*
Cierge serpent	*Cereus serpentinus* Lagosc.
Ficoïde « griffes de sorcière »	*Carpobrotus edule* L.
Ficoïde à petites fleurs	*Drosanthenum pulchellum* Mill.
Ficoïde remarquable	*Lampranthus spectabilis* Haw.
Opuntia ou figuier de Barbarie	*Opuntia ficus indica* Mill.

Itinéraire n° 4

Les jardins botaniques azuréens

Intérêt

Visiter les principaux jardins botaniques de la Côte d'Azur où se trouvent rassemblées, dans des sites d'une exceptionnelle beauté, de très nombreuses espèces exotiques qu'il est possible de photographier en toute liberté et de déterminer grâce aux étiquettes indiquant généralement la famille, le nom du genre, de l'espèce et le pays d'origine.

Itinéraires

1. Le jardin de la villa *Thuret*, à Antibes

À Antibes, prenez le boulevard du Général-Leclerc, en direction du cap. À 1 km, bifurquez à droite, suivez le boulevard du Cap pendant 1 km : vous arriverez devant les grilles du jardin. L'entrée est à droite : prenez le petit chemin fléché.

Description botanique

La propriété a été acquise au XIXe siècle par le célèbre botaniste Thuret, spécialiste des algues (il est le premier à avoir observé et décrit le phénomène de la fécondation). Il se retira dans cette villa et créa le jardin botanique en faisant venir des espèces du monde entier, grâce à ses nombreuses relations parmi les botanistes étrangers.

Ce jardin est surtout connu pour son admirable collection de palmiers (voir **Itinéraire n° 1**), ses *eucalyptus*, ses *araucarias*, etc. Ce sont surtout les arbres, ici, qui ont atteint un développement extraordinaire. De plus, la villa *Thuret* possède aussi un laboratoire botanique de recherche.

Le meilleur accueil est toujours réservé aux amateurs qui désirent approfondir leurs connaissances sur la végétation exotique acclimatée.

2. Le Jardin botanique de Nice

Créé en 1983, ce jardin a le mérite de présenter les espèces méditerranéennes par association, en tenant compte de leur écologie (landes, garrigues, maquis, plantes de rocailles, etc.).

Des collections spécialisées de plantes médicinales, vénéneuses et aromatiques sont visibles dans d'autres endroits du jardin.

3. Le parc Phœnix

Il présente dans des serres de 7 000 m^{2} un ensemble exceptionnel d'espèces tropicales, avec en particulier une remarquable collection d'*orchidées*, de *broméliacées* et de *fougères arborescentes*.

En plein air, on peut admirer, parmi de très beaux palmiers et *bambous*, différents jardins de couleurs et de senteurs méditerranéennes (avec garrigues, maquis) et aussi aquatiques, etc.

4. Les jardins du musée de l'Île-de-France, à Saint-Jean-Cap-Ferrat

Prenez la route de la Basse Corniche sur 9 km, quittez-la au pont Saint-Jean. Empruntez la route du cap (boulevard Denis-Séméria) : à 500 m, sur la gauche, on trouve l'entrée du musée de l'Île-de-France.

Description botanique

La villa et la propriété de 7 ha qui l'entoure ont été léguées en 1934 à l'Académie des beaux-arts par Madame Ephrussi de Rothschild.

Le jardin a été conçu de façon à créer une ambiance exotique en permettant de profiter au maximum des vues admirables sur les deux rades de Beaulieu et de Villefranche. Dans ce décor romantique avec statues, vasques, grottes, pièces d'eau, escaliers de marbre, on peut admirer un très grand nombre d'espèces sélectionnées plus pour la beauté de leurs fleurs que pour leur intérêt scientifique.

À côté des oliviers poussent des plantes succulentes : les *aloès* se mêlent aux *echiums fastueux*, les fleurs violettes des *wigandies* voisinent avec les *mimosas*.

Il y a des coins secrets, pergolas tapissées de lianes, petits bassins plantés de *papyrus*. Devant la villa on découvre, depuis le plan d'eau, une belle perspective avec, sur les pelouses, l'effet décoratif des *cycas* et des palmiers.

Si, à la villa *Thuret*, c'est la science qui domine, ici tout est fait pour le charme des yeux et on oublie le nom des fleurs pour ne respirer que leur parfum et se régaler de leur beauté.

5. Les jardins de Menton

La devise de Menton, *Ma ville est un jardin*, est entièrement justifiée : c'est la terre d'élection des agrumes. Son climat local, le plus doux de la côte, sans aucun jour de gel, permet l'acclimatation facile de centaines d'espèces tropicales et subtropicales.

Voici les principaux jardins exotiques ouverts au public (pour les horaires d'ouverture, renseignez-vous auprès de l'office du tourisme ou au service du patrimoine, palais Adhémar-de-Lantagnac, 24, rue Saint-Michel, 06500 Menton, tél. 04.92.10.97.10).

> Jardin d'agrumes du palais Carnolès (3, avenue de la Madone)

Autour du palais (actuellement musée des Beaux-Arts) se trouvent rassemblées 137 variétés d'agrumes, sous le contrôle scientifique de l'Institut national de recherches agronomiques de Corse.

> Jardin Blasco-Ibañez, à Fontana Rosa (avenue Blasco-Ibañez)

Créé en 1921 par l'écrivain Vicente Blasco Ibañez, c'est un jardin de style espagnol avec escaliers, fontaines, bassins ornés de faïences colorées, pergolas au milieu de roseraies et de nombreuses espèces exotiques.

CI-DESSUS À GAUCHE

> Echium fastueux (Cap-d'Ail).
> Citronnier (palais Carnolès, Menton).

CI-DESSUS À DROITE

> Villa *Ephrussi de Rothschild*.
> Collection d'agrumes : pamplemousses, oranges (palais Carnolès, Menton).
> Strelitzia (fleur oiseau de paradis) à Cannes.

> Jardin de la villa *Maria Serena* (promenade René-Ashid)

Construite en 1880 par l'architecte Garnier, la villa a été léguée à la ville de Menton en 1947 par son dernier propriétaire, Henry König. C'est la villa de réception de la ville de Menton.

Les jardins possèdent une remarquable collection de palmiers, *cycas*, bananiers, avec d'autres espèces plus rares comme le *dragonnier* des îles Canaries, au milieu des agrumes et des oliviers.

> Jardin de la serre de la Madone (74, route de Gorbio)

Lawrence Johnston, en 1924, décide de créer autour de son « palais tropical » un jardin exotique de 7 ha sur des terrasses déjà plantées d'oliviers centenaires. C'est aujourd'hui un merveilleux ensemble géré par le conservatoire du littoral, la ville de Menton aidée par le conseil général et la Fondation Électricité de France.

> Jardin du val Rahmed (avenue Saint-Jacques)

C'est un véritable jardin botanique tropical créé par Miss Campbell au début du XXe siècle. Aujourd'hui, sous le contrôle scientifique du Muséum d'histoire naturelle de Paris, il renferme 1 400 espèces acclimatées d'Afrique, d'Asie, d'Amérique et d'Océanie, avec notamment des espèces de fruits exotiques : avocats, goyaves, etc.

Nos itinéraires devraient s'arrêter à la frontière italienne. Cependant, je ne saurais trop recommander aux amateurs de faire une incursion de quelques kilomètres en direction de Vintimille et de San Remo pour admirer dans leur exubérance romantique ces plantes exotiques qui ont fait de la Riviera ligure leur seconde patrie.

Noms scientifiques des espèces citées dans cet itinéraire

Agave en ombelle	*Agave umbellata* Mill.
Echium fastueux	*Echium fastuosum* Jacq.
Papyrus	*Cyperus papyrus* L.
Tecoma du Cap	*Tecoma capensis* Lindl.
Wigandie de Caracas	*Wigandia caracasana* H. B. K.

Itinéraire n° 5

Les jardins Hanbury, à La Mortola

Intérêt

Découvrir un très bel ensemble de plantes exotiques acclimatées sur le rivage méditerranéen.
Si j'inclus cet itinéraire pour clore nos promenades hivernales, c'est par reconnaissance pour ce paradis ligure où j'ai pris la passion de la végétation exotique. Les nombreuses visites que j'y ai faites m'ont incitée à quitter momentanément mes oliviers pour aller étudier dans leurs biotopes d'origine les fleurs merveilleuses que j'ai découvertes dans ces jardins de 18 ha, aujourd'hui placés sous la tutelle scientifique de l'université de Gênes.

Itinéraire

Sortez de Menton par le boulevard Aristide-Briand, passez la frontière au pont Saint-Louis, par la route en corniche. À 6 km, au niveau du village de La Mortola, à droite de la route, s'étendent les jardins de la villa *Hanbury*, en terrasses vers la mer.
Pour jouir pleinement de la visite, il faut y consacrer une journée.

Description botanique

Ce jardin n'est pas un simple lieu d'études; il faut avoir le temps de flâner sous les pergolas, de rêver sous le petit temple et de profiter de l'exceptionnelle douceur de cet éden exotique niché au cœur d'une pinède. Avec les allées bordées de cyprès centenaires, les statues, les bancs de marbre, les escaliers en volutes, c'est tout le charme romantique de l'Italie du XIXe siècle qui s'allie à l'exubérance et aux parfums de fleurs inconnues. Ici, on peut perdre pendant quelques heures la notion de temps et d'espace. On oublie que les cimes enneigées sont proches et que la civilisation moderne, avec son autoroute et ses embouteillages frontaliers, est aux portes du jardin.
On ne voit que les taches colorées des *gerberas*, les grandes corolles des rouges *daturas* et les panicules soyeuses des *albizzias*. On ne respire que les parfums des *jasmins* et des mimosas. L'amandier fleurit à côté des bambous et des bananiers avec, comme fond de décor, un bois de gigantesques eucalyptus australiens et d'araucarias.
L'olivier voisine avec les palmiers et les cycas. Le jardin exotique nous offre ses aloès, ses cierges géants, ses agaves, ses opuntias, ses *dasylires* et ses *yuccas*. Pour clore ces floralies hivernales, les *arbres de Judée* se couvrent de fleurs roses et les buissons d'echiums fastueux deviennent aussi bleus que le ciel.

CI-DESSUS

> Groupe de musacées.

> Villa *Hanbury*.

CI-CONTRE

> Datura.

> Un coin de jardin avec aloès.

Eucalyptus.

Aloès.

Aux heureux touristes qui séjournent l'hiver sur la côte, je peux affirmer que de novembre à mai il y a, à chaque visite, des fleurs nouvelles à admirer.
Mais si vous n'avez la possibilité d'y venir qu'une fois, vous trouverez ici le panorama le plus complet des espèces qui peuvent s'acclimater sur la côte : palmiers, cycas, mimosas, bananiers, eucalyptus, araucarias, plantes succulentes ; toutes les plus belles espèces décrites précédemment se trouvent ici ; en tout 7 600 !
On peut se demander comment un tel trésor a pu être rassemblé. La villa et les jardins qui appartenaient à la famille italienne Orengo furent acquis en 1867 par Thomas Hanbury. Avec son frère Daniel, il rassembla par amour des plantes, la plupart des espèces exotiques.
La réussite de ce jardin vient de la passion de ces botanistes amateurs, mais aussi du mésoclimat exceptionnel des lieux.
Le charme de la propriété est dû à la conception même des plantations où les espèces exotiques mêlées aux indigènes semblent vivre dans leur milieu naturel. À la beauté s'ajoute l'intérêt scientifique.
L'ensemble des espèces fut décrit en 1898 dans une publication remarquable, l'*Hortus mortolensis*, qui permit ainsi de faire connaître cette réalisation dans le monde entier.
Les jardins Hanbury furent le lieu de rencontre de botanistes éminents et contribuèrent grandement, comme la villa *Thuret*, au développement

Le petit temple. **Échappée sur la mer avec palmiers.**

des recherches botaniques : le troisième catalogue des plantes cultivées, publié en 1912, dénombrait déjà 5800 espèces !

À la mort de Thomas Hanbury (1907), son fils Cecil, aidé de son épouse lady Dorothy, continua son œuvre. Le jardin fut fortement endommagé pendant la guerre de 1939-1945.

Aujourd'hui propriété nationale[1], il a retrouvé sa beauté d'antan. Il est devenu le Centre méditerranéen de floriculture, mais il est aussi pour tous les amis des fleurs un éden européen unique, que les responsables considèrent déjà comme « un des lieux sacrés de l'Europe ».

Noms scientifiques des espèces citées dans cet itinéraire

Albizzia	*Albizzia lophanta* Wild.
Arbre de Judée	*Cercis siliquastrum* L.
Campanule des Canaries	*Canarina campanulata*
Dasylire grêle	*Dasylirion gracile* Zuce.
Datura rouge	*Datura sanguinea* Rz. Pav.
Jasmin à grandes fleurs	*Jasminum grandiflorum* L.
Yucca à feuilles d'aloès	*Yucca aloifolia* L.

[1] Lady Dorothy vendit le jardin à l'État italien en 1960, avec la garantie de l'inaliénabilité de la propriété de la part de celui-ci.

Itinéraires de printemps

C'est la meilleure époque pour admirer la flore méditerranéenne. Le cycle de végétation des plantes est adapté au rythme des saisons. On observe une *période de vie active* pendant l'hiver et le printemps doux et pluvieux à laquelle succède une *période de vie ralentie* pendant l'été sec et chaud. De février à fin mai, depuis les rivages jusqu'à 800 m d'altitude, c'est-à-dire dans la zone de l'olivier, on assiste à une explosion de fleurs, dans la garrigue, le maquis et le sous-bois.
Nos itinéraires suivent ces vagues de floraison qui partent du bord de mer pour déferler progressivement sur les collines de l'arrière-pays.

Ail de Naple.

Itinéraire n° 6

Le début du printemps sur les collines de Nice à Menton

Intérêt

Découvrir la floraison printanière dès la fin de l'hiver.

À la fin février, le printemps s'installe sur la Côte d'Azur. Pour admirer les premières fleurs, il suffit de parcourir les terrasses d'oliviers et les garrigues.

En cette période, nos promenades ne dépasseront pas 400 m d'altitude. Toutes les collines de Nice à Menton sont intéressantes à explorer.

Itinéraires à titre d'exemples

1. La route de la Corniche

Prenez la route n° 2564, dite de la « Grande Corniche » en direction de Menton. À environ 7 km, vous pouvez explorer :

> Le domaine de l'observatoire de Nice au Mont-Gros

Il couvre une surface de 35 ha. L'originalité de cet endroit est due à la géo-

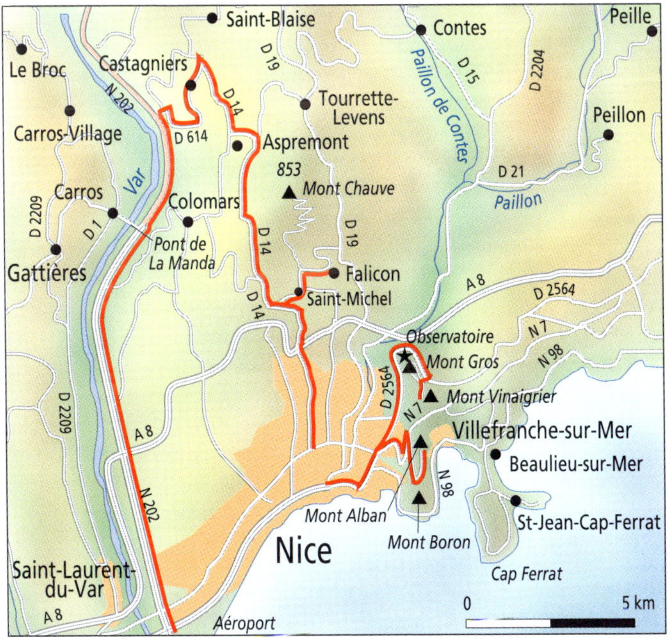

Orchis à longues bractées. Vue d'ensemble et détail.

graphie de cette colline qui se présente comme une crête orientée presque nord-sud. Cette orientation engendre deux versants, soumis à des conditions climatiques différentes, et présentant ainsi des végétations dissemblables.

Le versant est, plus humide et moins ensoleillé, est couvert d'une forêt (frênes au sud-est et pins au nord-est, ainsi que diverses essences).

Le versant ouest présente une garrigue, formation basse de terrain calcaire, avec quelques inclusions siliceuses, trahies par la présence de plantes silicicoles.

Le plateau sommital arbore une pelouse, propice au développement d'orchidées rares. En un même lieu, on peut ainsi admirer une grande diversité de paysages, avec un panorama somptueux sur les montagnes au nord et sur la mer au sud. L'observatoire entreprend la restauration des sentiers et jardins créés par Charles Carnier à la fin du XIXe siècle. Dans le cadre du programme d'ouverture de l'observatoire de Nice au public, tout le monde peut venir découvrir ce lieu unique par son patrimoine naturel, scientifique, architectural et historique. Horaires de visite : le mercredi à 10 h (arriver au moins un quart d'heure avant) et pour les groupes, sur réservation au 04.93.85.85.58.

CI-DESSUS DE HAUT EN BAS

> Fort du mont Alban.

> Village de Saint-Blaise.

CI-DESSUS DE HAUT EN BAS

> Village de Falicon.

> L'anse de Villefranche et la presqu'île de Saint-Jean-Cap-Ferrat

> Le parc départemental du mont Vinaigrier

2. Le circuit des collines

Prenez au niveau de l'aéroport la N202 qui longe la rive gauche du Var en direction de Digne. Après le pont de la Manda, empruntez la D604, direction Castagniers, puis la D114 vers Saint-Blaise. Revenez jusqu'au carrefour et prenez la direction d'Aspremont (possibilité de faire l'ascension du Mont Chauve, cf. *Sentiers d'Émilie* n° 15). Rejoignez Falicon par la D14 et rentrez à Nice par Saint-Michel et Saint-Pancrace.

3. Le mont Alban et le mont Boron

Du port de Nice, prenez la route de la Moyenne Corniche pendant 3,5 km puis, à droite, celle de la route forestière du mont Boron. Un peu avant le plateau, empruntez à gauche la route du fort du mont Alban. On peut revenir à Nice en descendant par le boulevard du Mont-Boron qui mène à la route du littoral. Pour prolonger à pied, cf. *Sentiers d'Émilie* n° 6 et n° 9.

Description botanique

Voici quelques-unes des plus jolies fleurs que vous rencontrerez. *Rappelez-vous qu'elles doivent être protégées*, en particulier *toutes les orchidées* et *toutes les liliacées*.

L'une des premières fleurs qui apparaît est l'*orchis à longues bractées*. On la rencontre dans les garrigues sous les oliviers, à la lisière des forêts. Dès l'automne, les feuilles se développent, puis le long épi pousse lentement. Épanoui, il ressemble de loin à une jacinthe. De près, les fleurs sont bien différentes. Elles ont l'aspect caractéristique des orchidées (schéma 4) et sont très odorantes. À la base de chacune, on trouve une longue bractée verdâtre.

Parfois, dans le même secteur, on découvre l'*ophrys sombre* bien reconnaissable à son labelle brun velouté. Cachées entre les herbes, on aperçoit les délicates corolles roses de l'*anémone étoilée*. Les 10 à 18 sépales et pétales plus ou moins foncés ont, en effet, l'aspect d'une étoile. C'est une espèce endémique des Alpes-Maritimes qu'il convient de protéger. Dans les prairies maigres, sur le bord des talus, on voit sortir par centaines les fragiles *crocus*. Nous les retrouverons trois mois plus tard au pied des névés, sur les hauts sommets.

Dans la garrigue, le *thym* et le *romarin* se recouvrent de fleurs que les abeilles butinent. Sur les talus se trouvent des tapis d'*oxalis penchés* aux fleurs jaunes, sur les rocailles, des touffes de *globulaires*, sous les oliviers les premiers capitules blancs de l'*ail de Naples* apparaissent. On est bien souvent tenté de le cueillir, mais il dégage un parfum écœurant d'ail fermenté qui n'est guère en harmonie avec la délicatesse de ses fleurs.

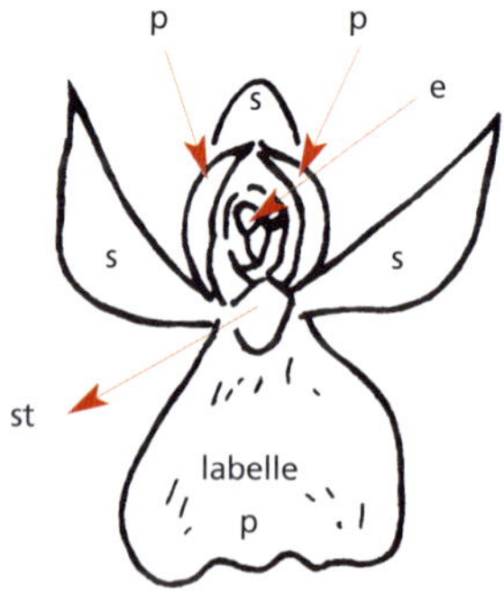

Vue de face

Vue de profil

3 sépales : s
3 pétales : p
Le labelle est le pétale inférieur

b : bractée
o : ovaire
e : éperon à nectar

e : étamine
st : stigmate
} organe complexe ou gynostème

Schéma 4. Fleur d'orchidée schématisée.

Tulipe de Clusius.

CI-DESSUS DE HAUT EN BAS

> Ophrys sombre.

> Anémone étoilée.

Dans les prairies humides, on rencontre le *narcisse tazette ou* « narcisse en bouquets » : chaque pédoncule porte au sommet un petit bouquet de fleurs jaunes-verdâtres à cœur doré.
Sous les oliviers existent aussi des espèces plus rares : l'écarlate *anémone coronaire* qui semble être subspontanée tant elle est voisine de l'anémone cultivée, et la *tulipe de Clusius*, espèce très rare en voie de disparition. Que de terrasses ai-je grimpées pour la trouver ! Je ne lui connais que fort peu de stations. Avec ses sépales blancs à l'intérieur, roses à l'extérieur, c'est l'un des joyaux de la flore méditerranéenne.
Je fais aussi une mention spéciale pour la garrigue à *euphorbes arbrisseaux* du mont Alban.
La route forestière traverse d'abord la magnifique forêt du mont Boron. Au début du printemps, *crocus*, *orchis à longues bractées* et *anémones étoilées* sont particulièrement abondants.
À l'embranchement de la route du Mont-Alban, je vous conseille une halte : vous y verrez beaucoup de *caroubiers* en fleur. S'ils n'atteignent pas une très grande taille au milieu des pins, leur abondance est caractéristique. La strate arbustive est composée d'*alaternes*, de *lentisques*, de *phillaires à feuilles étroites*, tous en fleurs.
Dans la strate herbacée, remarquez le tapis d'*arisarums*, petit arum brun en forme de capuchon.

Un remarquable exemplaire
de l'euphorbe arbrisseau.

Ciste cotonneux.

À la lisière de la forêt, des *freesias*, devenus ici subspontanés, sont déjà fleuris. Il est intéressant de parcourir à pied les 700 m de route jusqu'au fort du mont Alban. Tout autour s'étend une garrigue : on y retrouve le *thym*, le *romarin*, les *cistes cotonneux*. Mais ce qui en fait la curiosité, c'est l'abondance de l'*euphorbe arbrisseau* : cette espèce atteint ici 2 m de hauteur et fleurit fin mars, début avril.

Je croyais qu'elle avait des exigences écologiques précises, car elle se trouve localisée ici et sur les rochers, vers l'est. Il en existe aussi une station sur les terrains volcaniques de l'Estérel, près d'Agay.

À titre d'essai, je pris des boutures de tiges de 1 m et les transplantai à 400 m d'altitude, sur un adret abrité de ma propriété de Gilette. En deux ans, les pieds ont atteint un volume et une taille remarquables, et sont aussi vigoureux que ceux du mont Alban.

Lorsqu'il y a vingt ans je découvris cette garrigue, je me demandai comment cette formation évoluerait. Or, aujourd'hui, la reconstitution de la chênaie à *chênes verts* est très nette.

Entre les chênes verts, les *oliviers sauvages* se développent de façon considérable, donnant, à l'automne, de toutes petites olives de la taille d'un gros pois.

On arrive autour du fort militaire construit à partir du 5 avril 1557 et l'on a devant soi l'un des plus beaux panoramas de la côte, de Ville-

Anémone des jardins.

franche à Menton vers l'est, et sur la baie de Nice et l'Estérel, à l'ouest. Jusqu'au mois de juin, la floraison va se poursuivre et s'étendre peu à peu de la côte aux sommets alpins.

Noms scientifiques des espèces citées dans cet itinéraire

Ail de Naples	*Allium neapolitanum* Cyrillo
Alaterne	*Rhamnus alaternus* L.
Anémone coronaire	*Anemone coronaria* L.
Anémone étoilée	*Anemone stellata* Link.
Arisarum capuchon	*Arum arisarum* L.
Caroubier	*Ceratonia siliqua* L.
Ciste cotonneux	*Cistus albidus* L.
Euphorbe arbrisseau	*Euphorbia dendroides* L.
Globulaire alypum	*Globularia alypum* L.
Laurier-tin	*Viburnum tinus* L.
Narcisse tazette	*Narcissus tazetta* L.
Ophrys brun	*Ophrys fusca* Link.
Orchis à longues bractées	*Orchis longibracteata* Biv.
Oxalis penché	*Oxalis cernua* Thumb.
Phillaire à feuilles étroites	*Phillaria angustifolia* L.
Lentisque	*Pistacia lentisca* L.
Tulipe de Clusius	*Tulipa clusania* D. C.

Centranthes rouges.

Itinéraire n° 7

La garrigue en fleurs au printemps

Intérêt

Observer les principales espèces en fleurs dans la garrigue.
Nous pouvons revenir sur les collines fleuries de l'itinéraire précédent et maintenant poursuivre notre ascension jusque vers 800 m, à la limite de l'étage méditerranéen supérieur.
À cette saison, je vous recommande un très bel itinéraire d'environ 70 km, dont l'objectif sera d'admirer les principales essences méditerranéennes en fleurs, soit dans la garrigue, soit sous les oliviers.

Itinéraire

Nice / Saint-Jeannet / Tourrettes-sur-Loup / La Colle-sur-Loup / Cagnes-sur-Mer / Nice.
De Nice, dirigez-vous vers Saint-Laurent-du-Var par la promenade des Anglais, l'aéroport et la route du bord de mer.
Traversez le village de Saint-Laurent-du-Var et prenez la D 118 jusqu'à Saint-Jeannet. Revenez 2 km en arrière jusqu'au carrefour du Peyron et prenez la D 2210 jusqu'à Vence, puis poursuivez jusqu'à Tourrettes-sur-Loup et Pont-du-Loup. Rentrez par le D 6 en empruntant les gorges inférieures du Loup, La Colle-sur-Loup, Cagnes-sur-Mer et Nice.

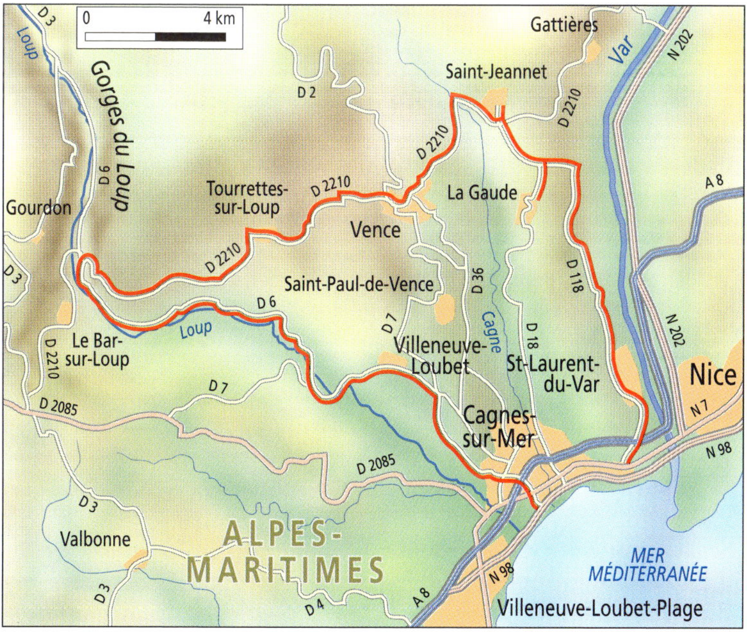

Genêts d'Espagne.

Baou de Saint-Jeannet.

Paysages botaniques

De Saint-Laurent-du-Var à Saint-Jeannet, vous traversez une zone de cultures florales (œillets, roses). La route en corniche domine toute la basse vallée du Var avec, au fond, les cimes enneigées de l'Argentera. Entre les cultures s'étendent des lambeaux de pinèdes plus ou moins dégradées et des garrigues d'où s'exhale le parfum délicat des grappes jaune d'or des *genêts d'Espagne*. En même temps, les rocailles disparaissent sous les touffes de *centranthes rouges* et les hampes des *gueules-de-loup* sauvages. Les *cistes cotonneux* éparpillent dans le vent les pétales violets et fripés de leurs fleurs éphémères. Des milliers de coquelicots écarlates tapissent les terrasses incultes.

Plus haut entre les rocs, sur les touffes d'*aphyllantes* habituellement réduits à de minces tiges sans feuilles apparaissent de délicates petites fleurs bleues.

Sous les oliviers poussent à l'état sauvage des centaines de *glaïeuls roses des moissons* au milieu des gros capitules jaune clair des *urospermes*.

Vous admirez au pied du « Baou », rocher qui surplombe de 800 m le village de Saint-Jeannet, les plantations d'orangers dont les fleurs embaument l'air environnant.

Vous rebroussez chemin jusqu'au carrefour du Peyron et de là gagnez Tourrettes-sur-Loup, le pays des violettes cultivées sous les oliviers. Vous traversez ensuite une belle forêt de chênes verts. Après Bar-sur-

CI-DESSUS

> Glaïeuls roses des moissons.

CI-DESSUS À DROITE

> Gueules-de-loup.

CI-CONTRE

> Coquelicots.

Tourettes-sur-Loup, le village des violettes.

Loup, vous amorcez la descente au milieu des pins et des chênes pubescents dont les bourgeons ont éclaté et montrent de délicates feuilles duveteuses et vert clair.
La route s'engage dans les gorges inférieures du Loup, voici à nouveau les oliviers, puis La Colle-sur-Loup, le pays des roses.
Pour terminer ce circuit, je vous propose à Cagnes-sur-Mer une halte au musée Renoir, au domaine des Collettes, propriété de 23 ha que le peintre acquit pour en sauver les oliviers centenaires.
Au soleil couchant, la lumière filtrée par le feuillage des oliviers éclaire les pétales fripés des coquelicots. C'est cette même douceur que l'on retrouve dans les tableaux du maître des Collettes qui, par son génie, immortalisa les fragiles beautés du printemps azuréen.

Noms scientifiques des espèces citées dans cet itinéraire

Genêt d'Espagne	*Spartium junceum* L.
Centranthe rouge	*Centranthus ruber* D. C.
Gueule-de-Loup	*Antirrhinum latifolium* Mill.
Aphyllante	*Aphyllantes monspeliensis* L.
Glaïeul des moissons	*Gladiolus segetum* Gawler
Urosperme de Daleschamp	*Urospermum daleschampii* Desf.

Itinéraire n° 8

Le printemps à l'ouest de Nice dans le maquis et sur les rivages

Intérêt

Étudier au printemps la végétation silicicole, forêts et maquis, et les plantes halophytes du bord de mer.

Itinéraires

CIRCUIT D'UNE JOURNÉE

> Le printemps dans l'Estérel

1. Vous pouvez emprunter l'itinéraire n° 20, décrit en détail à l'automne. Ou bien :

2. Faire un circuit plus simple : Nice - Cannes - Saint-Raphaël - Fréjus, par la N 7, retour par la route du bord de mer (N 98) : 120 km environ.

3. Visiter l'île Sainte-Marguerite, très intéressante par la beauté de sa végétation du bord de mer, en particulier en marchant vers l'ouest, du débarcadère à la pointe du Batéguier. Traversée depuis Cannes en une demi-heure par vedettes régulières (voir *Sentiers d'Émilie* n° 2).

CIRCUIT D'UNE DEMI-JOURNÉE

La végétation de maquis sur sol siliceux peut être observée dans le parc de Vaugrenier, près de Biot.

Prenez la N 7 et, 2 km avant Biot, empruntez à droite le chemin qui traverse le domaine de Vaugrenier, aménagé en parc départemental par les Eaux et Forêts. Vous y rencontrerez une très belle pinède, des prairies et du maquis.

Description botanique

Nous nous attacherons ici à décrire quelques espèces du maquis en fleurs. Nous décrirons plus loin, dans un circuit d'automne (**itinéraire n° 20**), la forêt à chênes-lièges de l'Estérel.

Lorsqu'elle est dégradée après l'incendie, on voit se développer le maquis, c'est-à-dire une végétation serrée, faite d'arbustes, d'arbrisseaux et de buissons denses, épineux. Au printemps, on peut admirer la floraison des principales espèces caractéristiques.

Il y a tout d'abord le *genêt d'Espagne* ou *genêt jonc*, présent aussi dans la garrigue avec ses tiges lisses et ses grandes grappes de grosses fleurs jaunes odorantes.

On trouve également le *genêt épineux* dont les épines disparaissent entièrement sous la multitude de petites fleurs jaunes.

Pendant un mois, les genêts illuminent le maquis avant le grand repos

Lavande staechade dans le maquis d'Esterel.

Galactite tomenteuse.

estival de la végétation. En même temps, les *bruyères arborescentes* se garnissent de panicules de fleurs rose pâle. Seuls les *myrtes* attendent le mois de juin pour faire éclater leurs mille corolles blanches aux nombreuses étamines.

Le *ciste blanc à feuilles de sauge* se pare aussi de fleurs blanches et fragiles.

Dans la lande, la *lavande staechade* domine ; on la reconnaît grâce à ses longues bractées violettes qui surmontent l'épi.

Entre les buissons, les tiges de *chèvrefeuille entrelacé* serpentent comme des lianes. Ses fleurs sont plus teintées que celles du chèvrefeuille commun et ne sont odorantes que le soir. Les feuilles sont soudées par la base, d'où le nom de « chèvrefeuille entrelacé ».

De la lisière de la forêt jusqu'à la mer, tous les rochers sont couverts de fleurs. Les grosses touffes rose foncé des centranthes se mêlent aux *galactites*, jolis chardons d'un violet délicat, aux feuilles panachées.

Pour admirer les fleurs du bord de mer, je vous recommande la promenade sur les rivages de l'île Sainte-Marguerite, en particulier du débarcadère vers la pointe du Batéguier.

Vous trouverez d'abord les plantes de terres salées (halophytes) au feuillage vert glauque : le *fenouil de mer*, dont les feuilles étaient autrefois utilisées comme condiment, confites dans le vinaigre, et le *sta-*

CI-DESSUS À GAUCHE

> Île Sainte-Marguerite:
crique et forêt de pins d'Alep.

CI-DESSUS À DROITE

DE HAUT EN BAS

> Ciste blanc à feuilles de sauge.

> Statice pubescent.

CI-CONTRE

> Maquis en fleurs.

CI-DESSUS À GAUCHE, EN HAUT

> Immortelle.

CI-DESSUS

> Maquis et forêt sur les pitons volcaniques de ryolite rouge.

> Maquis en fleurs et jeunes chênes dans l'Esterel.

CI-CONTRE

> Orchis mâle et anthyllis.

tice pubescent, aux feuilles de base en forme de cœur et aux petites fleurs violettes en corymbes au sommet de fins rameaux. Viennent ensuite le *coquelicot des dunes* ou *pavot cornu*, aux grandes fleurs jaunes, et la *giroflée des dunes*, de couleur violette et aux feuilles charnues.
Mais les plantes les plus remarquables sont les grands *asphodèles blancs* de plus d'1 m de haut qui portent de longs épis de fleurs blanc rosé.
Ils forment des massifs, mélangés à une ombellifère géante, la *férule commune*. Cette plante énorme et robuste mesure jusqu'à 2 m et les ombelles composées, de 40 cm de diamètre, sont enveloppées dans une grande bractée. Les feuilles, à la base, finement laciniées, atteignent 1 m de longueur.
Du bord de mer jusqu'aux sommets, la floraison va se propager comme une onde. Nous allons la suivre et amorcer notre ascension vers l'arrière-pays.

Noms scientifiques des espèces citées dans cet itinéraire

Asphodèle blanc	*Asphodela albus* Mill.
Bruyère arborescente	*Erica arborea* L.
Centranthe rouge	*Centranthus ruber* L.
Chèvrefeuille entrelacé	*Lonicera implexa* L.
Ciste blanc à feuilles de sauge	*Cistus salvifolium* L.
Coquelicot des dunes (pavot cornu)	*Glaucium flavium* Grantz
Fenouil de mer	*Crithmum maritimum* L.
Férule commune	*Ferula communis* L.
Galactite tomenteuse	*Galactites tomentosa* Moench.
Genêt d'Espagne	*Spartium junceum* L.
Genêt épineux	*Calycotome spinosa* L.
Giroflée des dunes	*Matthiola sinuata* R. Br.
Immortelle jaune	*Helichrysum staechas* L.
Lavande staechade	*Lavandula staechas* L.
Myrte commun	*Myrtus communis* L.
Statice pubescent	*Statice pubescens* D. C.

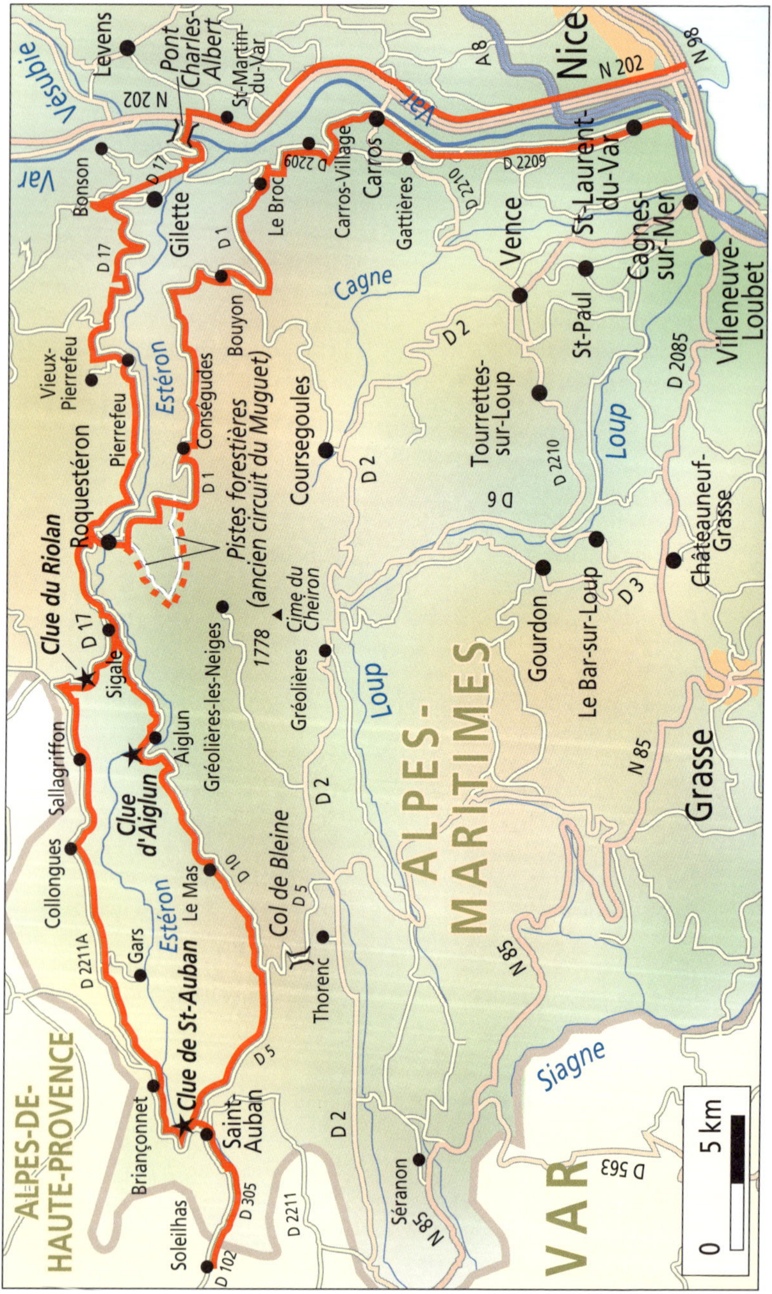
Vésubie
Levens
Pont Charles-Albert
St-Martin-du-Var
N 202
A 8
Nice
N 98
Var
Bonson
D 17
Gilette
Le Broc
D 2209
Carros-Village
Carros
Gattières
D 2210
Vence
St-Laurent-du-Var
Cagnes-sur-Mer
Villeneuve-Loubet
D 1
Cagne
Bouyon
D 2
St-Paul
D 2085
Vieux-Pierrefeu
Pierrefeu
Estéron
Conségudes
Pistes forestières (ancien circuit du Muguet)
Coursegoules
Tourrettes-sur-Loup
Loup
Roquestéron
D 6
D 2210
Châteauneuf-Grasse
Clue du Riolan
Cime du Cheiron
1778
Gourdon
Le Bar-sur-Loup
D 3
Sigale
Gréolières-les-Neiges
Gréolières
ALPES-MARITIMES
Sallagriffon
Aiglun
Clue d'Aiglun
N 85
Grasse
Collongues
Col de Bleine
D 10
D 5
Le Mas
Gars
Clue de St-Auban
Thorenc
D 2211A
Siagne
ALPES-DE-HAUTE-PROVENCE
Briançonnet
Saint-Auban
D 563
Séranon
VAR
Soleilhas
D 305
D 2211
D 102
0
5 km

Itinéraire n° 9

Le circuit des narcisses par les clues de l'Estéron

Pourquoi remplacer par le circuit des narcisses celui du muguet de la première édition, un des préférés des lecteurs ?
Lorsqu'en mai 2003 j'ai voulu parcourir cet itinéraire pour cette nouvelle édition, en arrivant près de Roquestéron, au départ de la piste forestière sur la D 1, en direction de Coursegoules, j'ai constaté que son accès en voiture était interdit au public. C'est donc à pied que j'ai dû achever la promenade (1 heure de montée !).
J'y ai retrouvé, mêlés aux *orchis tachetés* et aux *géraniums sanguins*, les tapis de muguets en fleur, comme d'habitude vers le 15 mai.
Si personnellement je me réjouis de cette mesure qui contribue à la protection du site, je voulais remplacer cet itinéraire par un autre, tout aussi enchanteur.
J'ai prolongé le circuit jusqu'aux sources de l'Estéron, dans les prairies marécageuses où s'épanouissent à la même époque des milliers de narcisses.
L'Estéron prend naissance à Soleilhas, dans les Alpes-de-Haute-Provence, mais à 7 km seulement de Saint-Auban, village des Alpes-Maritimes !

Intérêt touristique

Ce circuit permet de parcourir la vallée de l'Estéron dans toute sa longueur, en empruntant la rive gauche à l'aller, la rive droite au retour. On observe des paysages contrastés, avec de belles hêtraies et pinèdes dans des zones âpres et sauvages, au pied de falaises entaillées par les torrents formant des clues impressionnantes.

Intérêt botanique

C'est la flore caractéristique des étages méditerranéen et montagnard, avec tous leurs faciès : secs, humides, calcicoles et par endroits silicicoles.

Itinéraire (environ 200 km)

Aller

Prenez la N 202 à Saint-Laurent-du-Var, en direction de Digne, puis après Saint-Martin-du-Var, la D 17 vers Roquestéron et Sigale, qui surplombe la rive gauche de l'Estéron. Poursuivez jusqu'à la clue du Riolan. Au carrefour du pont des Miolans, prenez la D 2211 sur la gauche, vers Sallagriffon, Collongues, Briançonnet, la clue de Saint-Auban et Saint-Auban. Remontez par la D 305 jusqu'à Soleilhas, aux sources de l'Estéron.

Orchis mâle.

Aiglun.

Retour :

Revenez à Saint-Auban, rejoignez Roquestéron par la clue d'Aiglun : à Saint-Auban, prenez la D 5 vers Le Mas, laissez à droite la route du col de Bleine, dirigez-vous par la D 10 vers Le Mas, puis la clue d'Aiglun et rejoindre la D 17 par Sigale et Roquestéron. Empruntez la rive droite de l'Estéron par la D 1 : Conségudes, Les Ferres, Bouyon, Le Broc, Carros, puis prenez la D 2209 par Gattières jusqu'à Saint-Laurent-du-Var.

Description botanique

De Nice à Roquestéron (voir **itinéraire n° 19**), nous traversons les étages méditerranéens inférieur, puis supérieur. La vallée de l'Estéron doit sa beauté à ses oliviers, cultivés en terrasses depuis les falaises de calcaires jusqu'au bord du torrent. Jusqu'à Roquestéron, nous admirerons toutes les fleurs de la garrigue décrites dans l'**itinéraire n° 7**.

Après Pierrefeu, sur un affleurement de grès, s'étend une magnifique pinède de *pins mésogéens* avec un sous-bois dont la composition floristique est proche de celle de la forêt de l'Estérel et du maquis dans les zones dégradées (voir **itinéraire n° 8**). Tout autour des mas, dans les vergers, les cerisiers en fleur complètent ce tableau.

Arrivés au pittoresque village de Roquestéron (840 m), je vous re-

CI-DESSUS DE HAUT EN BAS
> Sigale.
> Saint-Auban.

Notre-Dame d'Entrevignes.

commande un arrêt au bord du torrent. Pour cela, continuez la D 17 et, 500 m après le village, prenez sur la gauche la route qui mène au bord de l'Estéron.
Ses eaux pures, limpides, bondissent entre les roches et sur les berges. Les feuilles printanières des *aulnes*, des *saules* et des *noisetiers* forment un écran à la lumière vive du soleil méditerranéen. Sous les rayons tamisés, les violettes et les primevères croissent en abondance. J'ai retrouvé ici, à 60 km de Nice, la douceur des basses régions pyrénéennes, celle des gaves de Pau ou d'Oloron, où je passais, dans mon enfance, les vacances printanières. Cette variété de biotopes est l'un des plus grands charmes de notre Côte d'Azur.
Revenez sur la D 17 et prenez la direction de Sigale. À 2 km, remarquez la chapelle provençale de Notre-Dame d'Entrevignes (XIIIe siècle), puis vous apercevez le village perché de Sigale, au milieu des oliviers qui, à 630 m d'altitude, sont plus petits et tortueux que ceux de la basse vallée de l'Estéron. Nous sommes à la limite de l'étage méditerranéen.
On laisse à gauche l'Estéron que l'on retrouvera au retour, et on s'engage dans la clue creusée par son affluent, le Riolan, dans les masses calcaires secondaires. Après le passage de ce couloir, la végétation méditerranéenne disparaît brusquement. L'air est plus frais, sur les rochers les saxi-

frages remplacent le thym et les centranthes rouges. Il n'y a plus un seul olivier, la route traverse une pinède à *pins sylvestres*. Nous sommes dans l'étage montagnard. Au pont des Miolans, laissez à droite la route du col de Saint-Raphaël et prenez à gauche celle de Collongues. Pendant 4 km, la route traverse des pinèdes où sont construits de nombreux chalets. On entre dans la région de Sallagriffon, aux reliefs adoucis. Le paysage devient paisible, agreste : vastes champs où l'on pratique la polyculture, bois, prés avec bergeries. On peut y faire d'agréables promenades, champignons et gibiers abondent. On se croirait dans le centre de la France et pourtant la Côte d'Azur n'est qu'à une heure de voiture.
On arrive à Collongues, petit village sur un rocher, au pied de la montagne des Miolans. La route longe maintenant le vallon de la Cressyonnière, entre pinèdes et hêtraies.
À Briançonnet, laissez à droite la route du col du Buis et poursuivez en direction de Saint-Auban, au milieu de landes à buis et à lavandes, et de la forêt domaniale de Saint-Auban. Rejoignez l'Estéron au pont Saint-Pierre, puis engagez-vous dans les sévères et sauvages clues de Saint-Auban que le torrent a creusées à travers les roches calcaires sur 700 m. Avant l'entrée de la clue, il est possible d'observer une station de *fritillaires à involucre* en fleur, espèce rare et protégée.
Au niveau du village perché de Saint-Auban, l'Estéron fait un brusque angle droit et coule, depuis sa source à Soleilhas, d'est en ouest. Laissez à droite Saint-Auban, au confluent de la Faye et de l'Estéron, remontez le cours de ce dernier jusqu'au pittoresque village de Soleilhas avec ses nombreuses bergeries. Tout autour s'étendent d'immenses prairies marécageuses avec des milliers de narcisses. C'est à pied qu'il faut remonter jusqu'aux sources de l'Estéron, en suivant le petit ruisseau qui serpente dans les herbes. Arrivé au niveau des rochers, ce n'est plus qu'un mince filet d'eau qui se force un passage entre les pierres, et puis on le voit sortir, avec un faible débit, au milieu des mousses.
D'un jour à l'autre, la source peut varier de quelques mètres, selon la fantaisie des circuits d'eaux souterraines qui, après un long parcours dans les roches calcaires perméables, sont arrêtées par une couche de marnes imperméables, et affleurent en surface.
Après avoir admiré les champs de narcisses et, çà et là, quelques *orchidées à feuilles tachetées*, d'autres fleurs vous attendent sur les rochers calcaires environnants. Ce sont des espèces adaptées à la sécheresse, groupées en coussinets compacts. Les corolles des *globulaires*, *anthyllis* et *serpolets* sont portées sur des pédoncules très courts.
Pour le retour, il faut revenir sur Saint-Auban. Le trajet proposé passe par la superbe clue d'Aiglun. Au niveau de Saint-Auban, prenez la D 5 qui longe pendant 7 km la vallée de la Faye, au milieu de vastes prairies. Au carrefour de Maussang, laissez à droite la route du col de Bleine et prenez la D 10. La route conduit au col du Pimpinier (1 130 m), au pied de la montagne de calcaire secondaire de l'Harpille (1 686 m), puis du Charamel (1 470 m), recouverts d'une forêt de pins. Ensuite on découvre le village du Mas, accroché sur un rocher calcaire au-dessus de

CI-DESSUS À GAUCHE DE HAUT EN BAS

> Narcisse des poètes.

> Anthyllis des montagnes.

> L'Estéron serpentant entre les strates calcaires.

CI-DESSUS À DROITE DE HAUT EN BAS

> Globulaire en coussinets.

> Fritillaire à involucre qui fleurit en mai sur les rives rocheuses de l'Estéron.

> La clue d'Aiglun.

la vallée de la Gironde, affluent de l'Estéron. La route continue au flanc du Charamel puis, après un brusque tournant, passé le hameau des Tardons, au confluent de la Gironde et de l'Estéron que l'on retrouve à nouveau, on voit surgir, sur la rive gauche de ce dernier, le surprenant village d'Aiglun comme suspendu, à 600 m, sur les pentes raides du mont Saint-Martin. Au pied, au fond d'une gigantesque brèche de 400 m de hauteur, entre les masses de calcaire doré du Charamel et de Saint-Martin, c'est la clue d'Aiglun, impressionnante à la fois par sa hauteur et sa faible largeur de quelques mètres seulement.

C'est le cœur battant que l'on franchit l'Estéron sur un pont d'une seule arche de 25 à 75 m au-dessus du torrent minuscule et fragile au pied de la profonde cassure. Il faut s'arrêter près du pont pour admirer et photographier ce site exceptionnel. Ainsi l'Estéron, qui coulait d'est en ouest derrière l'autre versant de la montagne du Charamel, a brusquement changé de val en creusant, en angle droit et à pic, les Préalpes calcaires.

Après le pont, la route longe la rive gauche de l'Estéron pendant 1 km jusqu'à Aiglun. L'arrêt dans ce village permet d'admirer les constructions hardies des villas en terrasses, au milieu d'olivaies et de vignobles. Après Aiglun, la route en corniche surplombe la vallée de l'Estéron. En face, on voit les chutes de la cascade de Vegay. La route remonte au milieu des oliviers et des pins. On rejoint Sigale et Roquestéron.

Au retour, c'est la rive droite du torrent que nous longeons.

La fin du circuit ne manque pas de charme. Les villages de Conségudes, Les Ferres, Bouyon ont conservé intactes leurs beautés primitives au milieu des landes et garrigues incultes où vous remarquerez les touffes de *genévrier de Phénicie* (espèce de genévrier que les Phéniciens auraient introduite) bien reconnaissable à ses feuilles en écailles. Les botanistes définissent grâce à lui une série de l'étage méditerranéen supérieur, apprenons à la reconnaître en passant.

À Carros, on retrouve la civilisation moderne. Pour prolonger le charme bucolique de ce circuit exceptionnel, rentrez par la D 2209, sur la rive droite du Var, au milieu des champs de fleurs et de garrigues à genêts, dont les parfums vous accompagneront jusqu'aux portes de la ville.

Noms scientifiques des espèces citées dans cet itinéraire

Anthyllis des montagnes	*Anthyllis montana* L.
Fritillaire à involucre	*Fritillaria involucrata* All.
Genévrier de Phénicie	*Juniperus phoenicea* L.
Géranium sanguin	*Geranium sanguineum* L.
Globulaire naine	*Globularia nana* Lam.
Narcisse des poètes	*Narcissus poeticus* L.
Orchis mâle	*Dactylorhiza mascula* L.
Orchis tacheté	*Dactylorhiza maculata* L.
Pin mésogéen	*Pinus pinaster* Sol.
Pin sylvestre	*Pinus sylvestris* L.

Itinéraire n° 10

Le printemps sur les plateaux calcaires de l'arrière-pays

Intérêt

Observer la végétation des Préalpes avec ses nombreux contrastes : végétation calcicole sur relief karstique, pinèdes, chênaies et hêtraies, dans des sites peu fréquentés et autour des villages isolés de l'arrière-pays.

Itinéraire : 115 km

Nice-Vence par la D 36.
Vence-col de Vence-Coursegoules par la D 2 jusqu'aux Canières.
Les Canières-Gourdon par la D 3.
Gourdon-plateau de Caussols-Saint-Lambert par la D 12.
Puis la D 5 jusqu'à Saint-Vallier-de-Thiey.
Saint-Vallier-de-Thiey - Grasse - Nice par la N 85.

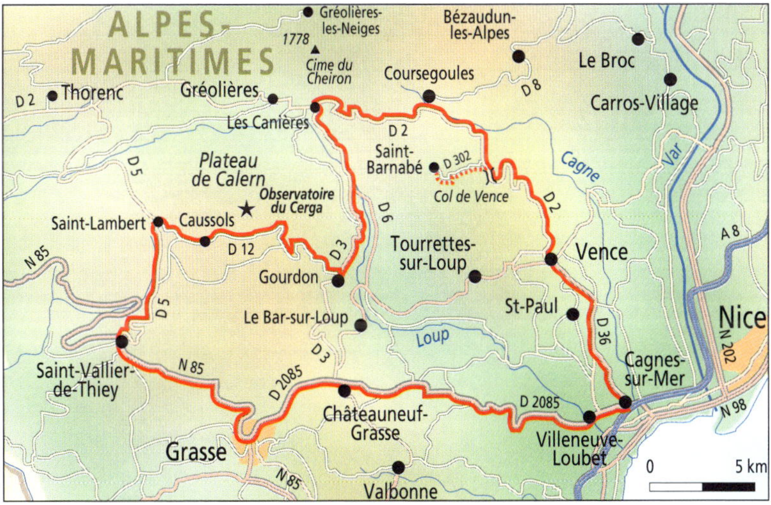

CI-DESSUS À GAUCHE, EN HAUT

> Lapiaz avec genêts en fleurs.

CI-DESSUS À DROITE DE HAUT EN BAS

> Pivoine voyageuse.

> Coupole de l'observatoire Nice Côte d'Azur sur le plateau de Calern.

> Gourdon, village perché.

CI-CONTRE

> Orchis mâle et anthyllis.

Description botanique

De Nice à Vence, on traverse une zone d'oliviers avec toutes les plantes déjà rencontrées au cours de l'**itinéraire n° 7**. À partir de Vence, la route s'élève en direction du col de Vence, on traverse des bois de *chênes pubescents*, des landes et des garrigues.

Les roches calcaires sont de plus en plus érodées. Au col de Vence, à 970 m d'altitude, on se trouve déjà dans l'étage montagnard avec la présence simultanée de pins sylvestres et de chênes pubescents de plus en plus épars, entrecoupés de landes à *lavandes* et à *genêts à balai*.

Il est recommandé de faire une halte et de laisser la voiture pour emprunter les nombreux sentiers afin de découvrir les espèces calcicoles, les orchidées, en particulier l'*ophrys miroir de Vénus*, au labelle de velours brun avec en son centre une large plaque brillante, l'*orchis à trois dents*, l'*orchis brûlé*, etc.

Avec un peu de chance, vous pourrez rencontrer la magnifique pivoine sauvage (*pivoine voyageuse*) aux grandes fleurs rose foncé.

Il est possible de faire un petit détour en voiture jusqu'au hameau isolé de Saint-Barnabé et de faire alentour une promenade (cf. *Sentier d'Émilie* n° 18). En reprenant la voiture, on se dirige vers le village de Coursegoules, au travers de landes à buis et de garrigues.

En poursuivant sur la D2 en direction de Gréolières, on retrouve de belles chênaies à chênes pubescents. Remarquez, à 7 km sur la droite, le petit hameau de Saint-Pons. Trois kilomètres avant Gréolières, on quitte la D2 pour prendre la direction de Gourdon en longeant le Loup qui coule en contrebas dans des gorges serrées. Au bout de 12 km, le village de Gourdon, perché sur un éperon calcaire à 758 m, apparaît dans sa lumineuse beauté, à pic au-dessus du torrent. Une distillerie de fleurs, *La Source parfumée*, invite les touristes à une halte embaumée. Mais à cette saison, c'est surtout dans la nature qu'il convient de respirer les senteurs des lavandes et des genêts.

En prenant maintenant la D12, on arrive en 10 km sur le plateau calcaire de Caussols, à 1084 m d'altitude. C'est un immense causse que les eaux sauvages ont littéralement tailladé, traçant des cannelures profondes ou *lapiaz* entre lesquelles les plantes trouvent un peu de terre végétale, un peu d'humidité, peut-être un peu d'ombre pour germer et croître.

C'est ainsi qu'on voit émerger quelques fougères, des buissons rabougris : des buis, des groseilliers épineux. Par endroits, des dépressions où s'est accumulée de l'argile de décalcification ou *dolines* sont couvertes de milliers de fleurs, muscaris, pâquerettes, renoncules, *orchis mâles*, etc.

Les tiges rampantes de l'*azalée couchée*, les touffes de *valériane*, caractéristiques de l'étage subalpin, recouvrent les roches voisines.

Ce plateau présente des conditions écologiques exceptionnelles qui, quoique à une altitude plus basse, ne sont pas sans me rappeler le sommet du mont Ventoux. Hiver rigoureux, neige, vent, températures basses, été sec et très chaud en raison de l'absence de terre végétale,

Orchis à trois dents.

> Coursegoules.
> Saint-Vallier-de-Thiey.

de la blancheur et de la perméabilité du calcaire, d'où ce mélange d'essences méditerranéennes et montagnardes auxquelles s'ajoutent des endémiques rarissimes, donc à protéger. Ces déserts calcaires ne fleurissent qu'un mois chaque année.

Pour ajouter à cet aspect insolite, de curieux abris en pierres sèches, appelés « bories », comparables à ceux que l'on retrouve en Corse, en Sardaigne, en Italie du sud, nous rappellent que ces plateaux furent, il y a de nombreux siècles, occupés par des populations qui pratiquaient sans doute l'élevage nomade.

À droite, on aperçoit le plateau de Calern surmonté par les coupoles de l'observatoire de la Côte d'Azur.

Je vous recommande de prendre sur la droite (3 km avant le hameau de Caussols) la petite route qui mène au sommet entièrement recouvert d'une garrigue fleurie d'orchidées, hélianthèmes, anthyllis en touffes compactes laissant apparaître entre elles la roche blanche calcaire.

Mais marchez avec précaution : la vipère d'Orsini (espèce rare et protégée) apprécie elle aussi le site. Des panneaux d'information sur la faune vous la signalent avec cette remarque : « Vous êtes priés de ne pas remuer les pierres pour ne pas la déranger. » Sans vouloir contra-

Plateau de Calern. Garrigue en fleurs.

rier les amis de la nature, je me permets quand même de vous conseiller d'être prudents, surtout si vous êtes accompagnés d'enfants ou de chiens. Personnellement, au cours de mes promenades botaniques, je chausse des bottes, je fais du bruit en tapant sur les pierres avec un bâton, j'évite de plonger mes mains entre les touffes de fleurs… et je poursuis mon chemin en paix avec ma conscience écologique.
En rejoignant la D 12, on atteint le petit hameau de Caussols qui a perdu un peu de son authenticité. Sur le bord de la route, les bergeries remises en état sont de belles résidences secondaires… Les restaurants sont nombreux, la circulation intense, mais il suffit de laisser la voiture et de marcher sur le plateau pour rencontrer les troupeaux de moutons avec leurs bergers et leurs chiens, dans un environnement bucolique et intact.
En poursuivant, on traverse une belle hêtraie considérée par les botanistes comme une « hêtraie relique », témoin de celle qui occupait autrefois toute la haute Provence.
On rattrape au lieu-dit de Saint-Lambert la D 5; on aperçoit, en descendant dans une vaste dépression, Saint-Vallier-de-Thiey (724 m) où une halte s'impose pour admirer une des plus belles chênaies à chênes pubescents de la région. Les arbres atteignent ici une grande taille. Nous

les retrouverons à l'automne (**itinéraire n° 18**), mais à cette saison leur feuillage duveteux et vert tendre du printemps leur donne un air de jeunesse et de gaieté.
De Saint-Vallier-de-Thiey, c'est sous les parfums des orangers et des jasmins de la région grassoise et à travers pinèdes et garrigues qui bordent la célèbre route Napoléon que l'on regagne les oliviers en fleur de la région niçoise.

Noms scientifiques des espèces citées dans cet itinéraire

Azalée couchée	*Azalea procumbens* L.
Ophrys miroir de Vénus	*Ophrys bertoloni* Moretti
Orchis à trois dents	*Orchis tridentata* Scop.
Orchis brûlé	*Orchis ustulata* L.
Orchis mâle	*Dactylorhiza mascula* L.
Pivoine voyageuse	*Paeonia peregrina* Retz.
Valériane des montagnes	*Valeriana montana* L.

Quelques espèces remarquables rares ou endémiques des Préalpes de Grasse, à protéger

Arenaria cinerea DC
Erodium rodiei Poirion
Euphorbia canuti Parb.
Iris graminea L.
Leucanthenum burnati Poirion
Ophrys muscifera Huds.

Itinéraires d'été

À la fin du printemps, l'onde de floraison atteint l'étage montagnard puis l'étage subalpin. Les premières gentianes, primevères et orchidées font renaître la vie dans les prairies encore gorgées de l'eau de la fonte des neiges. Le moment est venu de quitter les rivages endormis sous le soleil et bercés par le chant des cigales. Dans la montagne, c'est une vie intense qui s'éveille. Des milliers de larves de criquets sautent dans l'herbe tendre. Le « tu-tu » de la caille et l'appel perçant de l'alouette dans le ciel nous invitent à gravir les premières pentes et bientôt nous nous retrouverons au pied des névés pour admirer les corolles téméraires qui percent la neige.

L'Authion
La Bollène-Vésubie
Pointe des Trois Communes
D 68
D 70
Lantosque
D 2566
Col de Turini
Breil-sur-Roya
Peïra-Cava
Tinée
D 2204
D 2566
D 2565
Var
Vésubie
D 2204
Lucéram
Sospel
Bonson
Coaraze
D 2204
D 2566
ALPES-MARITIMES
L'Escarène
N 202
Ste-Agnès
Tourrette-Levens
D 15
Peille
Gorbio
Menton
D 2204
Carros
Peillon
A 8
Roquebrune-Cap-Martin
Var
Paillon
La Turbie
Èze
A 8
PRINCIPAUTÉ DE MONACO
Villefranche-sur-Mer
N 202
MER MÉDITERRANÉE
Nice
0
5 km

Itinéraire n° 11

Le circuit estival de l'Authion par la forêt de Turini

Intérêt

Permet d'observer tous les étages de la végétation de la mer à la haute montagne sur un parcours d'une centaine de kilomètres aller et retour. C'est l'excursion à recommander à ceux qui ne disposeraient que d'une journée et qui désireraient avoir un panorama d'ensemble des beautés naturelles de la Côte d'Azur. *Ce circuit est une synthèse de tous les paysages que l'on peut rencontrer dans les Alpes-Maritimes.*

Itinéraire

On peut atteindre le massif de l'Authion par Peïra-Cava et le col de Turini. Quitter Nice par la route 2204 qui longe le Paillon jusqu'à L'Escarène. Un kilomètre après L'Escarène, emprunter à gauche la N 2556 par Lucéram et Peïra-Cava jusqu'au col de Turini.

Au col, prendre la D68, circuit de haute montagne, route bonne au départ, inégale ensuite, un peu difficile par temps de pluie [risque de brouillard), qui fait une boucle de 17 km au milieu des alpages du massif de l'Authion et qui ramène au col.

Deux voies de retour au choix: soit par la D70, La Bollène-Vésubie qui se raccorde à la vallée de la Vésubie [Lantosque-gorges de la Vésubie, (**itinéraire n° 14**), Plan-du-Var, vallée inférieure du Var, (**itinéraire n° 15**)], ou par la D2566 qui rejoint Sospel puis se poursuit jusqu'à Menton, ou à Sospel prendre la D2204 par le col de Braus et L'Escarène.

Prolongement possible: rejoindre la vallée de la Roya à Fontan par le vallon de Caïros (voiture 4x4 recommandée); sur la route du circuit de l'Authion, prendre au niveau de Camp-de-Cabanes-Vieilles une piste non goudronnée qui rejoint la vallée de Caïros et la vallée de la Roya. Il est ainsi possible de traverser la magnifique forêt de Caïros où se côtoient de superbes et vieux mélèzes, épicéas et érables. La beauté du site fait oublier que la route est chaotique. Arrivée au vallon de Caïros, la route, à ce niveau goudronnée, dessert les vieux chalets du hameau de Maurion et on ne retrouve le flux touristique qu'à Fontan, d'où on peut rejoindre Tende (cf. **itinéraire n° 16**).

Paysages botaniques

Au départ, la route longe la vallée du Paillon. À droite, on aperçoit le mont Gros et les coupoles de l'observatoire au milieu d'une pinède (cf. **itinéraire n° 6**), puis la route emprunte les gorges du Paillon.

On traverse l'***étage méditerranéen inférieur*** avec ses terrasses d'oliviers, ses garrigues déjà endormies sous le soleil d'été.

> Campanule à grandes fleurs.
> Violettes à éperon.

Village de La Bollène-Vésubie.

Les herbes sont brûlées, les buissons de *thym*, de *cistes* et de *romarins* luttent contre la sécheresse grâce à leurs feuilles coriaces, épineuses ou duveteuses. Les genêts d'Espagne sont réduits à des tiges sans feuilles. Mais après L'Escarène la route s'élève rapidement et pénètre près de Lucéram dans l'***étage méditerranéen supérieur***.
Vers 600 ou 700 m, les oliviers se font plus rares, là les bois de *chênes pubescents* sont entrecoupés de landes et de terres en jachère où domine le *genêt* encore fleuri en juin à cette altitude.
La route est bordée de magnifiques hampes de *campanules à grandes fleurs* appelées si joliment « violettes de Marie ». Mêlées aux genêts d'Espagne, c'est le bouquet traditionnel qui orne les autels des petites chapelles. Résistez à la tentation de les cueillir ; d'autres fleurs vous attendent sur les alpages et les campanules particulièrement fragiles fanent vite dans le coffre d'une voiture.
La route continue à grimper. On arrive peu à peu à l'***étage montagnard***. Tandis que sur le versant sud, cet étage est caractérisé par le *pin sylvestre* et les *lavandes*, dans la région de Peïra-Cava, c'est le *sapin* qui domine.
Cette sapinière mérite que l'on s'y attarde. C'est une oasis de fraîcheur à 40 km de la côte qui permet en une heure d'échapper à la canicule niçoise.

Campanule en épis.

Alpage près du sommet de l'Authion, au-dessus de la forêt.

Peïra-Cava (1 450 m) est situé sur une arête, de telle sorte que l'on peut s'aventurer dans les sentiers soit dans la Vésubie, soit vers la Bevera. On peut notamment découvrir au sud, au col de la Cabanette, une hêtraie bien développée, considérée par les botanistes comme le vestige d'une immense forêt de hêtres qui recouvrait le sud des Alpes.
La route continue à travers la magnifique forêt de Turini où les sapins se mêlent aux épicéas.
Arrivés au col de Turini (1 607 m), on laisse à droite la route de Sospel, à gauche celle de La Bollène-Vésubie, pour aborder le circuit de l'Authion qui permet de découvrir en quelques heures la flore alpestre des Alpes-Maritimes. La route s'élève en lacets au milieu de la forêt dont l'orée n'est qu'un tapis de fleurs au milieu desquelles nous remarquons en particulier la *campanule en épis*.
Les premiers mélèzes apparaissent. On aborde maintenant l'***étage subalpin***.
À la baisse de Tueïs (1 889 m, monument dédié à la mémoire des combattants français morts en 1793 et en 1945) débutent les alpages. Il faut s'arrêter pour les parcourir : on trouve en abondance des *orchis sureaux*, des *orchis globuleux*, des *pédiculaires*, *orchidées*, *œillets* et *arméries alpines*.

CI-DESSUS À GAUCHE, EN HAUT

> Cirse très épineux.

CI-DESSUS À DROITE DE HAUT EN BAS

> Pédiculaire recourbé.
> Œillet superbe.
> La piste forestière vers la forêt de Caïros.

CI-CONTRE

> Trèfle alpin.

Porcelle à une fleur.

Gentiane jaune.

La route continue à travers les alpages souvent en pentes abruptes. Çà et là, quelques *rhodoraies* fleuries font place aux prairies. En continuant vers la pointe des Trois Communes (2 082 m), on trouve au bord du torrent des champs *d'anémones à fleurs de narcisse*, de *myosotis*, de *violettes à éperon* et, à quelques mètres de la route, des *primevères*, des *gentianes*, de magnifiques *porcelles à une fleur*, des *cirses épineux*, des *valérianes des montagnes*, des *raiponces orbiculaires* et des tapis de *trèfle alpin*.

Si cette flore fait la joie de tous les amis de la nature, elle réserve aussi d'agréables surprises aux botanistes, car on y trouve des espèces plus rares : en particulier les *lys safran* et *martagon* et aussi le délicat *œillet superbe* aux pétales blancs finement découpés. Pour découvrir tous ces trésors floristiques, il faut s'attarder et parcourir les sentiers (cf. *Les Sentiers d'Émilie, Alpes-Maritimes, n° 22*).

Bien qu'il s'agisse d'une montagne très facile, cette région est, particulièrement en été, le siège d'orages locaux et de passages nuageux. Son accès rapide depuis la côte ne doit pas faire oublier les règles de prudence : équipement spécial, vêtements chauds, boussole, cartes, car on peut se perdre très facilement dans cette zone, en particulier par l'arrivée subite de nuages qui plongent les promeneurs dans un épais brouillard.

La route est aussi inégalement entretenue et il faut être particulièrement vigilant après la fonte des neiges et les pluies orageuses.

Vue en fin de circuit de l'Authion (D 68). Vacherie de l'Authion et pointe des Trois Communes.

C'est toujours à regret que les promeneurs quittent ces prairies fleuries aussi généreuses par le nombre que par la variété des espèces.
Si on choisit de rentrer par Sospel, on traverse la forêt de Turini qui longe la haute vallée de la Bevera, puis on retrouve aux alentours de Moulinet (786 m), bois de pins et châtaigneraies. Entre Moulinet et Sospel, on rencontre des peuplements purs de *charmes-houblons*.
De Sospel on peut gagner Menton et la côte pour atteindre la zone du caroubier et toute la végétation exotique, ou bien rejoindre L'Escarène par le col de Braus : on est surpris de rencontrer à 1 000 m une forêt de *pins mésogéens*, ce qui est exceptionnel sur terrains calcaires.
C'est la dernière curiosité de la journée avant de retrouver les oliviers et le chant des cigales que la tombée de la nuit n'a pas encore arrêté.

Noms scientifiques des fleurs citées dans cet itinéraire

Anémone à fleurs de narcisse	*Anemone narcissiflora* L.
Armérie alpine	*Armeria alpina* Willd.
Campanule à grandes fleurs	*Campanula medium* L.
Campanule en épis	*Campanula spicata* L.
Cirse très épineux	*Cirsium spinosissimum* L.
Gentiane jaune	*Gentiana lutea* L.
Lys martagon	*Lilium martagon* L.
Lys safran	*Lilium croceum* Chaix
Œillet superbe	*Dianthus superbus* L.
Orchis globuleux	*Traunsteinera globosa* Rell.
Orchis sureau	*Dactylorhiza lafifolia* L. Bauman et Künkcle
Pédiculaire recourbé	*Pedicularis gyroflexa* Vill
Porcelle à une fleur	*Hypocheris uniflora* Vill.
Raiponce orbiculaire	*Phyteuma orbiculare* L.
Trèfle alpin	*Trifolium alpinum* L.
Trolle d'Europe	*Trollus europaeus* L.
Valériane des montagnes	*Valeriana montana* L.
Violette à éperon ou pensée des Alpes	*Viola calcarata* L.

Itinéraire n° 12

Le circuit estival de Valberg

Intérêt

Excursion à recommander pour observer la *flore alpestre sur terrains calcaires* d'une exceptionnelle exubérance en raison des conditions climatiques privilégiées tout en traversant les plus beaux sites touristiques de la Côte d'Azur.

Itinéraire

L'itinéraire touristique classique se fait à l'aller par les gorges du Cians, au retour par les gorges de Daluis ou viceversa. Nous choisirons un trajet un peu différent.

À l'aller, nous emprunterons les gorges du Cians, puis nous reviendrons par la vallée de la Tinée, en passant par la route peu fréquentée qui part de Beuil et rejoint Saint-Sauveur-sur-Tinée par le col de la Couillole et Roubion.

Notez que les touristes qui préféreraient l'itinéraire classique par les gorges de Daluis en trouveront la description dans l'**itinéraire n° 15**.

De Nice à Valberg, par les gorges du Cians : 86 km ; de Beuil à Nice par Roubion et Saint-Sauveur-sur-Tinée : 87 km.

Aller : Empruntez la N 202 jusqu'au pont du Cians, prendre à droite la route des gorges du Cians D 28 par Beuil.

Retour : Prenez la D 30 par le col de la Couillole et Roubion. À Saint-Sauveur-sur-Tinée, empruntez la D 2205 à droite vers Nice. Suivez la vallée de la Tinée jusqu'au pont de la Mescla où l'on rejoint la N 202 que l'on prend à gauche jusqu'à Nice par les gorges de la Mescla.

Beuil, à la sortie des gorges du Cians.

Paysages botaniques

Jusqu'à Touët-sur-Var, voir l'**itinéraire n° 15**. Deux kilomètres après ce village, prendre la route des gorges du Cians. L'olivier devient plus rare et les bois de *chênes pubescents* apparaissent, entrecoupés de landes et de garrigues. C'est la végétation caractéristique de l'***étage méditerranéen supérieur***.

Après le Pra-d'Astier, la route s'engage dans les gorges très étroites du Cians, taillées dans les pélites rouges.

Ici l'intérêt touristique l'emporte sur l'intérêt botanique. La route serpente dans le fond du canyon. Sur 9 km, le torrent a incisé sur une distance cumukée de plusieurs centaines de mètres les pélites rouges d'âge permien du dôme de Barrot, vieilles de 240 millions d'années. Elles ressemblent à des schistes rouges et se sont formées par le tassement de sédiments à grains très fins, notamment des cendres volcaniques. La végétation est rare. Elle est nulle dans les zones qui ne reçoivent jamais de soleil.

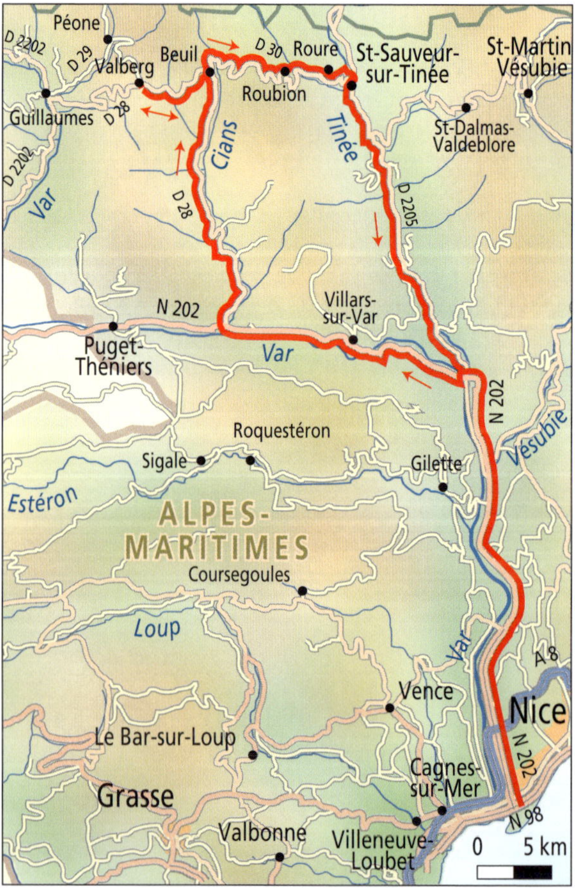

CI-DESSUS

> Le village de Roubion.

> Lys turban.

CI-CONTRE

> Gorges du Cians.

CI-DESSUS À GAUCHE, EN HAUT

> Joubarbe toile d'araignée.

CI-DESSUS À DROITE DE HAUT EN BAS

> Arnica des montagnes.

> Gentiane printanière.

CI-CONTRE

> Nigritelle rouge.

Sur le flanc humide croissent des coussinets de *mousses*, d'*hépatiques* et de *capillaires*. Sur le versant opposé et ensoleillé, les touffes de *genêts fleuris* éclairent les roches rouges. On peut même admirer sur la rive gauche inaccessible des *lys safran* qui poussent en toute quiétude. On trouve la magnifique *saxifrage* de Lantosque, aux grandes tiges florales, appelée « guirlande blanche » par les Italiens. Caractéristique de l'étage subalpin, elle se développe ici à une altitude plus basse en raison d'un microclimat plus froid.
À la sortie des gorges, on se trouve subitement dans les bois de pins et de mélèzes. Ce brusque passage de la région méditerranéenne à la haute montagne est saisissant, car la traversée des gorges a pour ainsi dire « escamoté » les zones de transition. Sur un trajet de 15 km, on observe une dénivellation de 800 m !
On atteint le bassin de Beuil, charmant village perché à 1454 m. La monté vers Valberg se fait à travers les bois de mélèzes et c'est à 1700 m que l'on découvre la célèbre station de ski aux pentes faciles et aux croupes calcaires arrondies.
Pour retrouver les prairies fleuries, il suffit de s'éloigner de quelques centaines de mètres du cœur de la station.
Dès la fonte des neiges apparaissent par centaines *gentianes*, *primevères* et *orchis sureaux*, mais le plus beau spectacle est sûrement, à la mi-juin, la floraison des *trolles*. Il faut aller les admirer en prenant la route de l'Ecole des neiges vers le vallon des Hueris en laissant à gauche la route de la Colle.
Tout l'été, la floraison se poursuit sur les pentes calcaires. Ce sont essentiellement des plantes de rocailles: *lavandes*, *saxifrages*, *joubarbes*, *chardons* qui, par leur densité et leurs coloris éclatant, suscitent l'émerveillement.
En montant plus haut sur la route du mont Mounier, on trouve quelques dépressions humides tapissées de *linaigrettes* et, dans les prairies, des *lys martagons* au milieu de champs d'*arnicas*.
La pureté de l'air et l'ardeur du soleil estival accentuent la beauté de ces horizons fleuris.
Ici, les hommes sont particulièrement amoureux de leur terroir. J'ai eu la joie d'être accueillie par une famille dans un de ces vieux chalets rustiques à une époque où l'on trouvait encore des *edelweiss* sur les rochers du Chastellan.
C'est dans ces parages que j'ai commencé la série de photos qui illustrent cet ouvrage. C'est sur les pentes voisines que j'ai découvert *l'ancolie des Alpes* et le *lys pomponium*, deux espèces rares, à protéger, dont j'ai pu, hélas, constater la disparition de plusieurs stations.
C'est ici que j'ai reçu ma première leçon de protection de la nature. Un ami montagnard planta, pour la naissance de sa fille, une centaine de mélèzes sur une pente déboisée. Aujourd'hui, il doit barricader ses champs. Des touristes n'hésitent pas à traîner leur voiture sur les sentiers herbeux, piétinant toutes les fleurs et rendant impossible toute fauche.

Gentiane de Koch. Trolle d'Europe.

Les générations futures auront-elles encore la joie d'admirer en juin les champs de trolles dans les vallons des Hueris ?
La densité des voitures sur le chemin du retour invite à choisir un itinéraire moins fréquenté. À Beuil, prenez la route du col de la Couillole. Elle n'a été ouverte qu'en 1965. J'y ai rencontré une vieille bergère et je l'ai suivie sur les alpages. Tout en m'indiquant les stations d'*orchidées* et de *campanules en épis*, elle me raconta que pour son voyage de noces elle était allée à cheval à Saint-Sauveur-sur-Tinée. Aussi regardait-elle passer les voitures sur cette nouvelle route avec une certaine mélancolie. Comme elle avait raison ! C'est à pied qu'il faudrait parcourir ces 17 km pour apprécier la beauté des alpages et le calme des forêts de mélèzes.
Au village de Roubion, accroché sur le rocher à 1 336 m, les trésors artistiques de la chapelle témoignent d'une étroite communion des habitants avec la nature.
Il y a sûrement ici beaucoup de recherches botaniques à faire dans ces sites privilégiés.
À Saint-Sauveur-sur-Tinée (497 m), on rejoint l'itinéraire qui nous ramène progressivement vers les châtaigniers, puis les oliviers avec tous les étages de transition qui nous avaient échappés à l'aller en remontant le Cians.

Le village de Péone.

Noms scientifiques des fleurs citées dans cet itinéraire

Ancolie des Alpes	*Aquilegia alpina* L.
Arnica des montagnes	*Arnica montana* L.
Campanule en épis	*Campanula spicata* L.
Echinops à tête ronde	*Echinops sphaerocephalus* L.
Edelweiss	*Leontopodium alpinum* Cass.
Gentiane de Koch	*Gentiana acaulis* L.
Gentiane printanière	*Gentiana verna* L.
Joubarbe toile d'araignée	*Sempervivum arachnoideum* L.
Lavande vraie	*Lavandula augustifolia* Mill.
Lys martagon	*Lilium martagon* L.
Lys safran	*Lilium croceum* Chaix L.
Lys turban	*Lilium pomponium* L.
Nigritelle rouge	*Gymnadenia rubra* (L.) Rich.
Œillet des Alpes	*Dianthus alpinus* L.
Orchis sureau	*Dactylorhiza latifolia* L.
Saxifrage de Lantosque	*Saxifrage callosa* sm. (L.) *Bauman et Künckle*
Trolle d'Europe	*Trollus europaeus* L.

PARC DU MERCANTOUR
Salèse
Col de Cerise
Vacheries
Madone de Fenestre
Roure
St-Sauveur-sur-Tinée
D 89
Boréon
D 94
Madone de Fenestre
D 2565
St-Dalmas-Valdeblore
St-Martin-Vésubie
D 2205
Tinée
D 171
Gordolasque
Vésubie
D 2565
Ilonse
Marie
Clans
Bairols
ALPES-MARITIMES
Lantosque
D 2205
Villars-sur-Var
St-Jean-la-Rivière
Var
N 202
D 2565
Vésubie
Vieux-Pierrefeu
Bonson
Lucéram
Coaraze
Plan-du-Var
Gilette
Bézaudun-les-Alpes
Le Broc
Vieux-Châteauneuf
Carros-Village
Tourrette-Levens
A 8
Var
Èze
A 8
Tourrettes-sur-Loup
Vence
Nice
Villefranche-sur-Mer
St-Paul
N 202
Cagnes-sur-Mer
Villeneuve-Loubet
N 98
0
5 km

Itinéraire n° 13

L'été au Boréon

Intérêt

L'excursion au massif du Boréon-Mercantour permet de découvrir par des promenades faciles une magnifique forêt d'épicéas avec la flore subalpine et de là, par des sentiers bien balisés, une *flore alpine* admirable par la variété de ses espèces, parmi lesquelles on compte de nombreuses endémiques. De plus, la zone qui comprend le vallon de Mollières, de Salèse, du Boréon et de la Gordolasque se situe dans le parc national du Mercantour. En plus de la beauté des sites, de la facilité d'accès, de ses nombreuses pistes, ce massif permet d'admirer en même temps une faune remarquable : bouquetins, chamois, oiseaux et aussi insectes, papillons en particulier, dont la vie est étroitement liée à l'existence de certaines plantes très rares.

Il est interdit de cueillir des fleurs, même les plus communes. Quand on arrache une fleur de rocaille inconnue, c'est peut-être une *saxifrage* rare à protéger parce que ses feuilles servent de nourriture à une chenille d'un papillon unique au monde. En croyant cueillir une simple fleur de pissenlit, c'est peut-être une composée rarissime qui héberge des chrysomèles, ces jolis petits coléoptères aux couleurs métalliques dont la vie dépend de cette plante.

J'ai eu maintes fois l'occasion d'amener mes élèves au Boréon. Nous y avons rencontré des botanistes, des entomologistes du Muséum, des chercheurs étrangers venus pour compléter l'étude de cette flore et de cette faune particulièrement riches, connues dans le monde entier et qui ont fait l'objet de nombreuses publications scientifiques.

C'est ici que j'ai pu initier mes élèves à l'écologie et à la protection de la nature.

La découverte de ce massif ne peut pas se faire en une seule journée, car chaque vallon a sa personnalité avec ses biotopes particuliers.

Il y a les éboulis pierreux, les rhodoraies, les tourbières, la flore nivale.

Je pense que si vous ne disposez que d'une journée comme c'est le cas d'une sortie avec des élèves, il faut se limiter à l'étude de la forêt d'épicéas et de la flore subalpine.

Itinéraire

Aller : 76 km jusqu'aux vacheries du Boréon.

Retour : 76 km.

Prenez de Nice la N 202 jusqu'à Plan-du-Var et après ce village la D 2565 qui longe la vallée de la Vésubie et, par Saint-Jean-la-Rivière et Lantosque, atteint Saint-Martin-Vésubie en 65 km.

À Saint-Martin-Vésubie, empruntez la D 89 qui longe le torrent du Boréon. À 8 km, on atteint le lac de retenue du Boréon. En continuant

sur la D89, on arrive en 4 km aux vacheries de Salèse et en 8 km au col de Salèse. De là, une piste permet en 7 km d'atteindre le pittoresque et vieux hameau de Mollières, encore habité l'été.
Cette piste est interdite à la circulation des véhicules (sauf des habitants), à l'exception du 15 août, et à condition de ne pas s'arrêter dans la forêt. Du lac de retenue du Boréon il est possible, en prenant la D 189 à droite, de poursuivre sur 2 km jusqu'aux vacheries du Boréon.

Variante pour le retour
Deux kilomètres avant Saint-Martin, en descendant du Boréon, reprenez à droite la D 2565 vers le col Saint-Martin, La Colmiane et Saint-Dalmas-Valdeblore pour rejoindre en 25 km la vallée de la Tinée (**itinéraire n° 17**).

Complément de circuit par la vallée de la Madone de Fenestre
À Saint-Martin-Vésubie, empruntez la D 94 qui remonte en lacets très raides, sur 13 km, la vallée du torrent de la Madone de Fenestre, à travers une superbe forêt de sapins et de mélèzes. On aboutit à la chapelle de la Madone de Fenestre dans un cirque grandiose cerné par les cimes du Gélas, de la Cougourde et de l'Agnellière.

Paysages botaniques

À Plan-du-Var, la route s'engage dans les gorges de la Vésubie. Admirez en juin sur le bord de la route la variété des campanules.
On y rencontre la *campanule raiponce* avec ses fleurs disposées en grappes graciles, la délicate *campanule à feuilles de pêcher* dont les corolles en forme de calice arrondi se dressent turgescentes au bout d'un fin pédoncule.
J'ai une tendresse toute particulière pour ces fleurs dont la beauté fragile impose le respect. Je n'ai jamais pu en cueillir une sans un certain sentiment de culpabilité. Voir se friper dans les mains ces joyaux de notre flore est attristant.
Pourtant, il est nécessaire de se résigner à en sacrifier un ou deux exemplaires pour les déterminer. Il faut examiner à la loupe l'aspect du calice, les dents des sépales, la longueur du pédoncule, etc.
Je me rappelle un incident survenu il y a quelques années, au cours d'une sortie scolaire. Je m'étais jointe, avec quelques enfants de 6e, à un groupe d'élèves plus âgés de 1re, guidés par un collègue, éminent botaniste, et qui, pour un relevé écologique, fut amené à donner les noms latins des diverses espèces. Or, un petit garçon voulut connaître le nom d'une campanule. Il interrogea un grand élève qui, avec humour, lui répondit: « *Flora viola vulgaris* ». L'enfant, interloqué et rebuté par cette réponse incompréhensible pour lui, tourna vers moi son regard interrogateur.
Je me gardai bien de lui dire « *Campanula persicifolia* ». Je lui répondis simplement: « C'est une campanule: la forme de sa fleur rappelle celle d'une clochette, ses feuilles sont fines et minces comme celles du pêcher », et je lui montrai un peu plus loin la campanule raiponce

Campanule à feuilles de pêcher.

CI-DESSUS
> Le massif du Mercantour, vu en montant vers le lac du Boréon.
> Le hameau de Mollières.

en lui faisant observer les différences entre les deux espèces. Cet ancien élève devenu aujourd'hui ingénieur n'a jamais oublié les campanules de la Vésubie. La botanique est son passe-temps favori. Il revient avec sa femme et ses enfants dans cette vallée. Aurait-il aimé ces fleurs si je l'avais rebuté avec des noms scientifiques ?

Il n'en reste pas moins vrai que la détermination spécifique est indispensable pour toute étude botanique et écologique, mais elle ne doit pas être un obstacle. C'est pour cela que les noms scientifiques des fleurs citées sont groupés à la fin de chaque itinéraire.

Aux alentours de Lantosque, sur les flancs ensoleillés, il y a encore de belles terrasses d'oliviers, tandis qu'à l'ubac croît le pin sylvestre et la forêt de charmes-houblons qui est ici très développée.

On atteint Roquebillière (612 m) entouré de terrasses d'oliviers.

On pénètre ensuite dans des régions de châtaigniers puis de pins sylvestres. C'est l'***étage montagnard*** qui s'étend tout autour de Saint-Martin-Vésubie (960 m), situé au confluent des deux torrents (Boréon et Madone qui se mêlent pour former la Vésubie).

La route D89 remonte le torrent du Boréon entre de grasses prairies, tandis que sur les pentes s'étale la forêt d'épicéas.

Arrivés au lac de retenue (1460 m), le site est saisissant avec comme fond

Saint-Martin-Vésubie et les nombreux chalets de la « Suisse niçoise ».

Lys martagon.

de décor les cimes enneigées du massif de l'Argentera-Mercantour.
Le choix des promenades est varié : Salèse, col de Cerise.
Pour ce premier contact avec le Boréon, je vous conseille d'emprunter, à pied de préférence, la vieille route empierrée qui longe le torrent vers les vacheries du Boréon.
Carline des Alpes, *lys martagon*, *digitale à grandes fleurs*, prairies humides à *ciboulette*, touffes de *lychnis « joie de Dieu »*, tapis de *linaigrettes*, *orchis tacheté*, *orchis moustique*, touffes d'*asphodèles*, sont les vedettes de cette flore subalpine.
Dans les pelouses dominent la *fétuque variée* et les *potentilles de Valdieri*.
Sous les épicéas, on rencontre la *luzule blanc de neige*, graminée bien reconnaissable à ses belles inflorescences argentées et la *saxifrage à feuilles en coin*, aux pétales blancs ponctués de jaune et de rouge, sur les rochers couverts de mousse.
Un peu plus haut se trouvent les *rhododendrons,* et ne manquez pas d'admirer les hautes fleurs de l'*adenostyle alliaire* aux feuilles de 50 cm de longueur.
Cette profusion de plantes, leur exubérance, sont en harmonie avec la taille des épicéas.

Soldanella alpine.

Linaire alpine.

Çà et là, quelques coulées d'avalanches témoignent du combat qu'ils mènent contre les intempéries hivernales. Cette forêt admirablement entretenue est sillonnée de pistes faciles qui en permettent une exploitation aisée. L'étude de cette zone suffit pour une journée. Le retour se faisant par le même trajet qu'à l'aller, il est donc possible de s'y attarder.
Cette première découverte du massif du Boréon fera naître dans vos cœurs de naturalistes le désir d'y revenir.
Les nombreux sentiers pédestres qui sillonnent cette zone du parc permettent d'admirer au-dessus de la forêt les joyaux de la flore alpine : *silène acaule*, mousse fleurie et *sénéçon blanchâtre*.

Noms scientifiques des fleurs citées dans cet itinéraire

Adenostyle alliaire	*Adenostyle alliariae* (Gouan) Kern.
Asphodèle	*Asphodelus albus* Miller
Campanule à feuilles de pêcher	*Campanula persicifolia* L.
Campanule fausse raiponce	*Campanula rapunculoïdes* L.
Carline des Alpes	*Carlina acaulis* L.
Ciboulette	*Allium schoenoprasum* L.
Digitale à grandes fleurs	*Digitalis grandiflora* All.

Rhododendron.

> Vue de la Madone de Fenestre.

> Silène.

Fétuque variée	*Festuca varia* L.
Linaigrette	*Eriophorum scheuchzeri* Hoppe
Linaire alpine	*Linaria alpina* L.
Luzule blanc de neige	*Luzula nivea* Lam. et D.C.
Lychnis « joie de Dieu »	*Lychnis flos-jovis* L.
Lys martagon	*Lilium martagon* L.
Orchis moustique	Gymnadenia conopsea L.
Orchis tacheté	*Dactylorhiza maculata* L.
Potentille de Valdieri	*Potentilla Valderia* L.
Rhododendron ferrugineux	*Rhododendron ferrugineum* L.
Saxifrage à feuilles en coin	*Saxifraga cuneifolia* L.
Silène sans tige	*Silene acaulis* L.
Séneçon blanc	*Senecio incanus* L.
Soldanella alpine	*Soldanella alpina* L.

Quelques espèces remarquables de l'étage alpin au-dessus de 2 300 m, à protéger

Adenostyle leucophylla Rchl.
Doronicum clusii (All.) Tausch.
Galium tendae Reich.
Loydia serotina Reichle.
Saxifrage florulenta Moretti
Saxifrage pedemontana All.
Silene cordifolia All.
Thlaspi limosellaefolium Reuter
Tozzia alpina L.
Viola nummularifolia Vill.

Itinéraire n° 14

L'été dans la vallée sublime : la Gordolasque

Le torrent de la Gordolasque est un affluent de la rive gauche de la Vésubie. Il prend sa source au mont Clapier (3 045 m) et sa vallée s'étend entre celles des Merveilles et de la Madone de Fenestre.
Je l'ai surnommée la « vallée sublime », celle que Victor de Cessole, il y a un siècle, décrivait comme « la plus grandiose et la plus sauvage des vallées méridionales ».

Intérêt

Cette excursion permet de découvrir dans un magnifique cirque glaciaire une *remarquable végétation alpine*.
La vallée de la Gordolasque est surtout fréquentée par des alpinistes qui, du refuge Nice, partent pour les ascensions du mont Clapier, cime du Gélas ou de la Maledie. Elle n'a pas été défigurée par les installations de sports d'hiver : la présence de blocs morainiques empêche la pratique du ski alpin, mais il existe une belle piste de ski de fond.
Un peu en dehors des circuits touristiques classiques, les amoureux de la nature peuvent, sur les sentiers faciles à quelques centaines de mètres de la route, découvrir des jardins alpins naturels absolument vierges où foisonnent *orchidées*, *lys* et *saxifrages*.
La haute vallée de la Gordolasque, encore intacte, mérite d'être protégée.

Belvédère. Le village perché domine le confluent de la Gordolasque avec la Vésubie.

Itinéraire

Aller: 72 km.

Depuis Nice, remonter la vallée du Var par la N 202. À Plan-du-Var, prendre à droite la D 565 qui longe la Vésubie.

Remonter la vallée jusqu'à Lantosque, 5 km après ce village prendre la D 70 qui mène à Belvédère (837 m). Une route étroite remonte pendant 17 km la vallée de la Gordolasque et s'arrête au pont des Gravières, à l'entrée du parc du Mercantour.

Variante par le lac Saint-Grat:

À 10 km de la route étroite et sinueuse qui conduit de Belvédère au pont des Gravières, prendre à droite la piste goudronnée jusqu'au gîte-restaurant *Le Mélèze* et poursuivre sur cette même piste jusqu'au petit lac Saint-Grat et son verrou de roches polies par le glacier.

C'est surtout l'abondance et la richesse de la ***flore subalpine*** qui constituent, avec le lac et la forêt de mélèzes, la beauté du site.

CI-DESSUS DE HAUT EN BAS
> Un chalet d'estive dans la « vallée sublime ».
> Site du lac Saint-Grat, à protéger à tout prix.

CI-CONTRE DE HAUT EN BAS
> Floralies estivales dans les prairies humides.
> Site du jardin écologique alpin de la « vallée sublime » en cours de réalisation.

CI-DESSUS DE HAUT EN BAS

> Rose alpine.

> Caltha des marais.

> Raiponce.

CI-CONTRE DE HAUT EN BAS

> *Armeria alpina*.

> *Saxifrage florulenta*,
espèce très rare protégée.

Pendant cinq mois, d'avril à septembre, les vagues de fleurs se succèdent dans la forêt de mélèzes, dans la lande à *rhododendrons* et à *myrtilles*, sur les rochers au bord des ruisselets, dans les prairies, humides ou sèches. J'en ai répertorié deux cents espèces: *lys, orchidées, saxifrages, joubarbes, gentianes, œillets, renoncules, aconits*. Tous les joyaux de la flore alpine se trouvent ici miraculeusement réunis.

C'est un petit coin de paradis non seulement pour les botanistes mais aussi pour les entomologistes et ornithologues. Il y a les plus beaux papillons de la région et des coléoptères (scarabées, chrysomèles aux couleurs irisées), des criquets, qui attirent des sauterelles insectivores. Dans les pins nichent les grives litornes et bien sûr les chamois, dès la fonte des neiges, trouvent aux abords du lac toutes leurs espèces préférées d'herbes et de graminées.

Ce site naturel exceptionnel est à protéger. J'y réalise un jardin écologique alpin à vocation pédagogique sur un terrain de 3000 m^2 où se trouve rassemblé l'ensemble des associations végétales de l'étage subalpin. Ouverture prévue en 2005.

Prolongement possible: *Les Sentiers d'Émilie*, n° 21.

Paysages botaniques

C'est en laissant, après Lantosque, la vallée de la Vésubie pour monter par une série de lacets au pittoresque village perché de Belvédère (837 m) que l'on quitte la zone de l'olivier.

Après le village, la route traverse de magnifiques *châtaigneraies* et on aborde l'***étage montagnard***.

Dans le sous-bois, on aperçoit les touffes de « barbes-de-bouc » qui tirent leur nom de leurs fleurs groupées en épis longs et fins.

Les prairies sont fleuries, les grandes *astrantes* et les *rhinantes crêtes de coq* se mêlent aux *campanules*.

On atteint une zone d'éboulis gréseux où les pins essaient de s'accrocher. La route qui suit le torrent est bordée de noisetiers et de bouleaux; elle s'élève rapidement.

À la cascade du Ray débute la *forêt de mélèzes*: on arrive à l'***étage subalpin***. Une promenade permet de découvrir des tapis de géraniums sauvages, en particulier le rare *géranium à long rhizome*.

Les grappes jaune doré des *cytises* illuminent le sous-bois.

On atteint le petit hameau de Saint-Grat (1538 m) avec ses vieux chalets entourés de buissons de *roses alpines*, et aussi l'usine hydroélectrique, son barrage et son plan d'eau. La forêt s'éclaircit.

La vallée au fond est fermée par un cirque glaciaire dominé par les sommets enneigés (Neillier, Basto, Clapier, Grand Capelet).

La route continue à monter en lacets au milieu des alpages et s'arrête au pont des Gravières, à l'entrée du Mercantour. Le promeneur pourra en toute quiétude découvrir sur plusieurs kilomètres des jardins alpins naturels aussi riches que variés.

Dans les zones humides où serpentent les ruisselets abondent la *renoncule à feuille d'aconit*, le *populage des marais* et le *veratre blanc*.

> Lys safran.

> Orchis moustique.

Lys Paradisie.

Près des vacheries, les *myosotis* font place aux plantes nitrophiles, *oseilles* et *épinards sauvages*.

Du 15 juin au 1er juillet, les blocs de gneiss disparaissent sous les touffes de fleurs roses des *rhododendrons*.

Entre les rochers se trouvent rassemblées les plus belles espèces de notre flore alpine.

Il y a bien sûr des *soldanelles*, des *gentianes* et des *violettes à éperon* mais aussi des *orchidées*. Vous pourrez admirer et photographier la *nigritelle rose*, dont les petites fleurs groupées en épi serré d'abord rose sombre s'éclaircissent en cours de floraison jusqu'à devenir presque incolores.

Plus communs mais non moins beaux, voici les épis violets de l'*orchis mâle*, de l'*orchis moustique* et de l'*orchis tacheté*, plus humble celui de l'*orchis blanc* qui voisine avec l'*orchis brûlé*.

Six espèces d'*orchidées* mêlées au *botrychium lunaire* sur 1 m^2 : de quoi enthousiasmer le botaniste le plus blasé !

Plus loin, sur les sentiers pelés, les alpinistes montent en file indienne vers d'autres rêves. Aussi, un peu plus tard, les *lys safran*, *lys blancs*, *lys martagons*, *arnicas* pourront-ils s'épanouir à l'abri des regards entre les blocs rocheux couverts de *saxifrages* et de *joubarbes*.

Vous pourrez bien sûr suivre les alpinistes pour découvrir près des lacs la ***flore nivale***, mais si vous n'en n'avez pas le loisir, n'ayez aucun regret : il y a encore près du torrent mille jardins secrets à découvrir.

Noms scientifiques des fleurs citées dans cet itinéraire

Barbe-de-bouc	*Aruncus vulgaris* L.
Botrychium lunaire	*Botrychium lunaria* L.
Cytise	*Cytisus laburnum* L.
Rose alpine	*Rosa alpina* L.
Gentiane de Koch	*Gentiana Kochiana* Perr et Song.
Gentiane printanière	*Gentiana verna* L.
Géranium à long rhizome	*Geranium macrorhizum* L.
Grande astrante	*Astrantia major* L.
Lys martagon	*Lilium martagon* L.
Lys paradisie	*Paradisia liliastrum* L.
Lys safran	*Lilium croceum* Chaix.
Nigritelle rouge	*Nigritella rubra* L.
Orchis blanc	*Pseudoorchis albida* L.
Orchis brûlé	*Orchis ustulata* L.
Orchis moustique	*Gymnaderia conopsea* L.
Orchis tacheté	*Dactylorhiza maculata* L.
Populage des marais	*Caltha palustris* L.
Reine des prés	*Spiraea ulmaria* L.
Renoncule à feuilles d'aconit	*Ranunculus aconitifolius* L.
Rhinante crête de coq	*Rhinantus crista galli* L.
Rhododendron ferrugineux	*Rhododendron ferrugineum* L.
Soldanelle alpine	*Soldanella alpina* L.
Veratre blanc	*Veratrum album* L.

Pra long.

Itinéraire n° 15

L'été aux sources du Var et au col de la Cayolle

Intérêt

Cette excursion, en remontant le Var jusqu'à sa source et de là au col de la Cayolle, permet d'observer toutes les zones de végétation de 0 à 2 200 m et d'étudier, au cours d'une même journée, la flore subalpine et alpine. La route qui mène jusqu'à 2 200 m au sommet du col de la Cayolle traverse les prairies alpines et, sur les pentes extrêmement faciles que l'on peut parcourir sans risque se trouvent rassemblées les espèces les plus caractéristiques de la flore alpestre.
Cet itinéraire est donc à recommander d'une part aux groupes scolaires et aux touristes qui, sans entraînement spécial et en marchant très peu pourront faire des observations sur la flore alpine, et d'autre part à tous ceux qui, des Alpes-Maritimes, veulent se rendre vers Barcelonnette et les Hautes-Alpes.

Itinéraire

130 km jusqu'au col de la Cayolle.
De Nice, suivre le cours du Var par la N 202, puis à partir du pont de Gueydan, prendre la D 902 jusqu'à Guillaumes, puis la D 2202.

Paysages botaniques

Jusqu'au Plan-du-Var, la route longe la rive gauche du Var à travers les cultures maraîchères et fruitières. Sur les deux rives, les villages perchés sont entourés de terrasses d'oliviers. Remarquez en particulier, après Saint-Martin-du-Var, à droite, le village de La Roquette et, après le pont Charles-Albert, sur la gauche (rive droite du Var), le village de Bonson qui domine à pic de 350 m.
Après Saint-Martin-du-Var, avant l'entrée des gorges, le petit hameau du Chaudan est blotti contre le rocher, en plein soleil avec son église au milieu des oliviers centenaires. Puis la vallée se resserre et on traverse les gorges de la Mescla. La route est coincée entre la rivière torrentielle et la paroi rocheuse.
À la sortie des gorges, les bois de *chênes pubescents* sont nombreux; dans les endroits humides on remarque des bosquets de *charmes-houblons*. Nous avons atteint l'***étage méditerranéen supérieur***.
L'olivier est toujours présent avec la vigne. Les villages voisins de Villars-sur-Var et un peu plus loin de Touët-sur-Var fournissent quelques crus appréciés.
Jusqu'à Entrevaux, la vallée par endroits assez large permet des cultures (arbres fruitiers, légumes, maïs). Sur les pentes ensoleillées, il y a tou-

> **Source du Var.**
> **À la limite de la forêt avant le col de la Cayolle. « Pin couché » (*Pinus mugo*) et mélèze.**

Clue du pont de Gueydan.

jours des oliviers et dans les garrigues dominent le *sumac*, le *genêt*, le *thym*, mais aussi la *sarriette*.
Après Entrevaux (472 m), le Var fait un coude à angle droit : c'est la clue du pont de Gueydan.
La route N 202 continue à suivre le cours d'eau et on laisse à gauche la N 207, route de Digne, qui remonte la vallée du Coulomp.
Observez l'énorme arête calcaire entaillée par le Var. Les derniers oliviers poussent autour des petits villages d'Enriez et de Sausses.
Après le village de Daluis (668 m), on pénètre dans l'***étage montagnard***. Les *pins sylvestres* ont remplacé les oliviers. La *lavande* fleurit ; ça et là, on note quelques reboisements avec du *pin noir d'Autriche*.
La nature des roches change aussi, le calcaire fait place à du gypse (pierre à plâtre), puis tout à coup les montagnes changent de couleur : vertes, puis rouges. On atteint les gorges de Daluis taillées dans les masses énormes de pélites rouges permiens[1].
Brusquement, la végétation se modifie : les *saxifrages de Lantosque* égaient les rochers avec leurs longues guirlandes blanches. Au fond de ces gorges impressionnantes, le Var coule, impétueux. À la sortie des

[1] Permien : étage géologique de la fin de l'ère primaire.

La citadelle fortifiée d'Entrevaux.

Edelweiss, saxifrages et asters. Col de la Cayolle.

gorges, à Guillaumes (819 m), on se sent en pleine montagne. L'air est plus frais, les pentes sont recouvertes de *pins sylvestres* et on ne trouve plus un seul olivier.

Le Var, qui n'est plus qu'un torrent de montagne, coule entre des marnes noires profondément ravinées, fleuries de *genêts à balai*, mais souvent aussi et jusqu'à Saint-Martin-d'Entraunes (1 050 m), on rencontre sur les adrets des touffes de *genêts d'Espagne*, témoins d'une végétation méditerranéenne très proche à vol d'oiseau.

Il n'y a ni hêtre, ni sapin, ce qui indique un mésoclimat sec.

Pour les touristes non pressés, l'excursion au col des Champs, depuis Saint-Martin-d'Entraunes, est recommandée pour observer une belle flore subalpine dans des sites très calmes.

La route continue à monter et, après Entraunes (1 260 m), les mélèzes apparaissent. On atteint l'***étage subalpin***. À Estenc (1 800 m), dans les prairies qui entourent les sources du Var, ce ne sont que d'immenses champs de fleurs. *Trolles*, *myosotis*, *gentianes jaunes* sont près de la route, à portée d'objectif, au bord des ruisselets qui serpentent et vont grossir le jeune Var. Un peu plus haut, les touffes d'*asphodèles blancs* voisinent avec les *lys paradisie* et les *lys martagons*. Ce dernier est particulièrement abondant. Il faut protéger cette station qui fait la joie

Asters alpins.

des milliers de touristes qui passent ici au début de juillet.

Dans cette zone particulièrement fréquentée, les groupes devront éviter le piétinement des prairies fleuries.

La route monte maintenant vers le col de la Cayolle. Je vous recommande de nombreux arrêts avant le sommet pour admirer notamment, vers la mi-juin, les tapis d'*orchis sureaux* et les champs de *ciboulettes sauvages*.

La route s'élève très vite; çà et là, en début de saison, les marmottes curieuses regardent passer les voitures, dressées à l'entrée de leurs terriers. Il est possible de les observer en toute quiétude à quelques mètres de la route.

Peu à peu, la forêt s'éclaircit, les arbres deviennent nains (*pin couché*) et il est émouvant d'observer leurs déformations sous le poids de la neige et du vent. C'est la « zone de combat », comme l'appellent les écologistes. À 2200 m, on pénètre dans l'***étage alpin***.

Des arrêts sont utiles pour découvrir, au bord même de la route, *gentianes, saxifrages, primevères farineuses*.

Si vous le pouvez, avant le sommet du col, éloignez-vous de quelques centaines de mètres de la route, en dehors des sentiers battus. Ici, il n'y a aucun danger spécial: on peut donc, en prenant les précautions habituelles en haute montagne, y emmener les enfants.

Ils pourront observer très facilement les caractères essentiels de la flore alpine: raccourcissement de la taille des plantes, feuilles en ro-

CI-DESSUS À GAUCHE DE HAUT EN BAS

> Séneçon blanc.

> Marguerites alpines.

CI-CONTRE À DROITE DE HAUT EN BAS

> Renoncules des glaciers.

> Campanules d'Allioni.

> Edelweiss.

> Marmotte.

saces, plantes en coussinets: *achillée naine, chrysanthème des Alpes, campanule d'Allioni, aster alpin* croissent ici en abondance.

Il y a même, tout près, de belles touffes d'*edelweiss*. J'en connais quelques stations et c'est le cœur inquiet que je vérifie, chaque été, si elles ont été épargnées.

Vous entrez dans le parc du Mercantour où toute cueillette est interdite.

Quelques mètres plus haut, des centaines de touristes s'arrêtent quelques instants au sommet du col, près d'une mare boueuse et parfois d'un névé qui persiste assez longtemps au début de l'été.

Ici, la flore est particulièrement appauvrie, piétinée. Si vous descendez vers Barcelonnette, arrêtez-vous encore sur l'autre versant. Les eaux ont changé de direction et coulent vers l'Ubaye, en sens opposé au Var.

Je vous conseille d'explorer en particulier les îlots de terre au bord des ruisselets: vous pourrez y découvrir de beaux spécimens d'espèces nivales, dont les graines apportées par les eaux ont germé à une altitude plus basse que celle de leur biotope habituel. J'y ai rencontré des *silènes, androsaces* et *céraistes*.

Mais les oliviers sont très loin. Nous avons dépassé le cadre des itinéraires fleuris de la Côte d'Azur. Aussi allons-nous redescendre par d'autres vallées, en nous attardant dans les forêts et leurs sous-bois colorés par l'automne.

Prolongement: *Sentiers d'Émilie*, n° 23 et 24.

Noms scientifiques des fleurs citées dans cet itinéraire

Achillée naine	*Achillea nana* L.
Asphodèle blanc	*Asphodelus albus* Miller
Aster alpin	*Aster alpinus* L.
Campanule d'Allioni	*Campanula alpinus* All.
Chrysanthème des Alpes	*Leucanthemopsis alpinum* L.
Erigéron des Alpes	*Erigeron alpinus* L.
Gentiane jaune	*Gentiana lutea* L.
Lys martagon	*Lilium martagon* L.
Lys paradisie	*Paradisia liliastrum* L.
Pin couché	*Pinus mugo Scop.*
Primevère farineuse	*Primula farinosa* L.
Renoncule des glaciers	*Ranunculus glacialis* L.
Saxifrage à feuilles opposées	*Saxifraga oppositifolia* L.
Saxifrage de Lantosque	*Saxifraga callosa* L.
Séneçon blanc	*Senecio incanus* L.
Silène acaule	*Silene acaulis* L.
Soldanelle alpine	*Soldanella alpina* L.

Itinéraires d'automne

Si j'ai choisi l'automne pour vous présenter des itinéraires en forêt, c'est parce qu'à cette saison il est possible de distinguer plus facilement les arbres à feuilles caduques et colorées des autres essences à feuilles persistantes et toujours vertes.

Les sous-bois permettent l'observation des tapis de mousses et de lichens gorgés d'eau et aussi de ces « fleurs éphémères » que sont les champignons. Russules multicolores, hygrophores, bolets pourpres, tricholomes et amanites ont une gamme de coloris aussi variée que celle des corolles.

Les fruits des *sorbiers des oiseaux* font le régal des grives et ceux des *églantiers* peuvent être récoltés, lorsqu'ils sont attendris par le gel, pour faire des confitures. Attention, cependant, aux espèces toxiques comme les baies de la *belladone*.

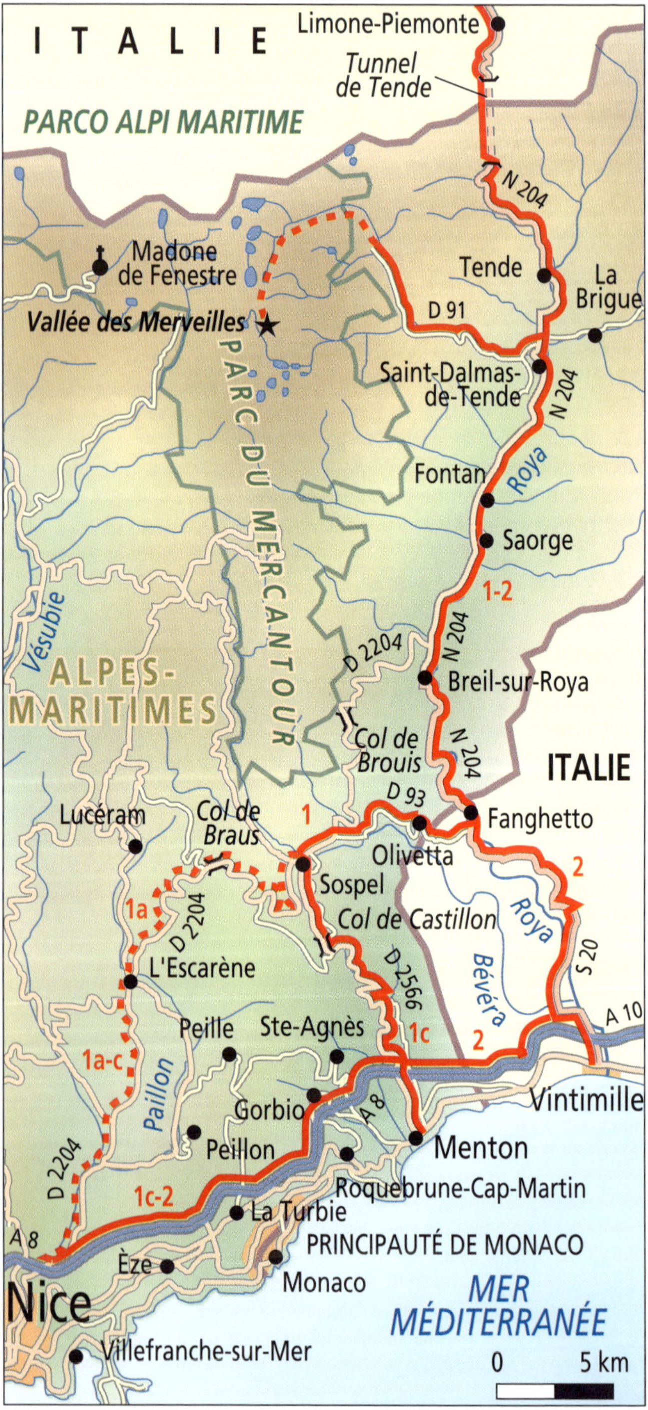

ITALIE
Limone-Piemonte
Tunnel de Tende
PARCO ALPI MARITIME
N 204
Madone de Fenestre
Tende
La Brigue
D 91
Vallée des Merveilles
PARC DU MERCANTOUR
Saint-Dalmas-de-Tende
N 204
Roya
Fontan
Saorge
1-2
Vésubie
N 204
D 2204
ALPES-MARITIMES
Breil-sur-Roya
Col de Brouis
N 204
ITALIE
D 93
Lucéram
Col de Braus
1
Fanghetto
Olivetta
Sospel
2
1a
D 2204
Col de Castillon
Roya
L'Escarène
D 2566
Bévéra
S 20
A 10
Peille
Ste-Agnès
1c
2
1a-c
Paillon
Gorbio
A 8
Vintimille
Peillon
Menton
D 2204
Roquebrune-Cap-Martin
1c-2
La Turbie
A 8
PRINCIPAUTÉ DE MONACO
Èze
Monaco
Nice
MER MÉDITERRANÉE
Villefranche-sur-Mer
0
5 km

Itinéraire n° 16

L'automne dans la vallée de la Roya

Intérêt

La variété des essences forestières donne à cette vallée, à l'automne, une splendeur inégalée.

Je recommande particulièrement cette excursion aux naturalistes, bien sûr, mais aussi à tous les artistes, photographes ou peintres, qui trouveront dans ces paysages une palette de couleurs, des jeux de lumière que je n'ai jamais rencontrés dans aucune autre région.

Itinéraire

De Nice à Tende, deux itinéraires possibles:

PAR VINTIMILLE

Nice-Vintimille, autoroutes A8, A10: 40 km, puis Vintimille-Tende, par la N 204-E 74: 42 km.

PAR SOSPEL

Nice-Sospel par la D 2204, par L'Escarène et le col de Braus, 43 km. Sospel-Tende, itinéraire classique par le col de Brouis, on rejoint la vallée de la Roya à La Giandola, 21 km. Itinéraire proposé: Sospel-Tende par Olivetta. On rejoint la vallée de la Roya à San Michele de Olivetta, 10 km.

Paysages botaniques

De Nice à Tende par Vintimille: on remonte la Roya sur toute sa longueur. Le cours inférieur qui est en territoire italien jusqu'à Piene permet de traverser les cultures en terrasses d'oliviers qui entourent d'anciens et pittoresques villages ligures.

Les oliviers sont très beaux, très hauts et admirablement entretenus. Ils constituent la principale richesse de la région.

Ils fournissent une huile réputée et les olives sont utilisées pour la salaison. La récolte se fait par gaulage, mais pour gagner du temps on tend maintenant sous les arbres des filets de nylon qui évitent aux fruits de se salir et de moisir sur le sol.

De Nice à Sospel par le col de Braus (voir **itinéraire n° 11**): vous pouvez bien sûr prendre l'itinéraire classique par le col de Brouis. On rattrape la vallée de la Roya à La Giandola, au milieu de paysages assez arides de l'étage méditerranéen supérieur avec pinèdes et bois de chênes. Je vous propose une variante par la petite route D 93 qui rejoint la frontière italienne à Olivetta.

Si, comme moi, vous aimez les oliviers, vous aurez la possibilité d'en découvrir des spécimens très âgés aux troncs énormes, crevassés comme ceux que l'on rencontre dans les îles grecques. Ici la luminosité est in-

tense et la vallée très abritée des vents. Ces conditions climatiques favorables permettent aux oliviers d'avoir une vigueur exceptionnelle. Vous atteindrez Olivetta (ancien poste frontière italien) et la vallée de la Roya à San Michele de Olivetta.
Tournez à gauche en direction de Piene où vous pénétrez à nouveau en territoire français. Sur la droite, on découvre niché au milieu des oliviers le pittoresque village de Fanghetto.
La route monte à travers des gorges sinueuses jusqu'à Breil-sur-Roya où vous retrouverez encore des terrasses d'oliviers et des bois de chênes pubescents. Vous passerez dans les étroites gorges de Saorge et découvrirez tout à coup l'extraordinaire village de Saorge à flanc de rochers au milieu des oliviers.
Après le village de Fontan (425 m), la route s'engage dans les célèbres gorges de Bergue. Arrêtez-vous dans ce magnifique défilé pour admirer les *érables* qui mériteraient à cette saison le nom de « flamboyants », comme ces arbres tropicaux qui, chaque été, se couvrent de fleurs rouges.
À Saint-Dalmas-de-Tende, je vous recommande de faire le détour par la route D 91 qui mène au val des Merveilles, célèbre par ses gravures préhistoriques. Mais si la saison est trop avancée pour faire l'excursion archéologique, ou si vous n'en avez pas le loisir (il faut la journée avec guide), consacrez deux heures sur votre emploi du temps à une brève excursion botanique dans ce vallon.
Prenez la route des Mesches (vallon de la Minière) et poursuivez jusqu'au bout, au vallon de Casterine. Les dorures cuivrées des châtaigniers, les jaunes éclatants des hêtres, les taches rouges des *merisiers* et des *érables* métamorphosent les montagnes en de gigantesques fresques colorées.
Vous pouvez réaliser des photos d'une incomparable richesse de coloris. La route grimpe et, après la galerie vert sombre des épicéas, c'est un nouveau feu d'artifice.
Les *mélèzes* dorés se détachent sur le ciel d'un bleu intense avec, comme fond de décor, le mont Bégo et les cimes déjà enneigées.
La route goudronnée s'achève. Il faudrait une jeep pour poursuivre. D'ici partent certaines pistes qui conduisent aux gravures préhistoriques, mais pour les étudier il est préférable de faire l'excursion en plein été. Cependant, je suis sûre que vous ne regretterez pas ce détour.
Vous reviendrez par le même chemin et à Saint-Dalmas-de-Tende, reprendrez la N 204-E 74 pour atteindre Tende (815 m) en plein étage montagnard, au milieu de pins sylvestres. Pour retrouver les sapins et les épicéas, il vous faudra poursuivre la route qui mène en de nombreux lacets au tunnel de Tende.
Sur la gauche, avant le tunnel, une route étroite, que je ne vous conseille pas d'emprunter avec votre voiture si elle n'est pas tout-terrain, vous permettrait d'atteindre le col de Tende (1 870 m). En plein été, vous pourriez y étudier une flore subalpine très intéressante en même temps qu'une faune entomologique (papillons notamment) qui possède des espèces endémiques.

CI-DESSUS DE HAUT EN BAS

> Belladone (espèce toxique).

> Fruits d'églantier.

CI-CONTRE DE HAUT EN BAS

> Village de Saorge.

> Sorbier des oiseaux.

> Vieux village de Tende.

> La Roya à Saorge.

Châtaigniers sur la route du vallon de la Minière.

Le village de Fanghetto.

À cette saison, il est préférable de franchir le tunnel de 4 km qui vous conduit en territoire italien, pour découvrir la magnifique vallée de la Vermenagna et la célèbre station de ski de Limone del Piemonte. L'absence de vent et sa position à l'ubac permettent aux neiges de s'accumuler dans ce cirque.

De là, en descendant vers Coni, vous vous arrêterez encore dans les hêtraies dorées, puis dans les châtaigneraies. Les sous-bois d'une richesse exceptionnelle en champignons (cèpes notamment) sont le paradis des mycophages.

Si vous n'avez pas le loisir de partir à leur cueillette, vous pourrez déguster les délicieux bolets dans toutes les auberges des petits villages piémontais, laissant ainsi les joies de la gastronomie relayer celles de la botanique.

Noms scientifiques des espèces citées dans cet itinéraire

Belladone	*Atropa belladonna* L.
Églantier	*Rosa* (nombreuses espèces)
Érable à feuilles de platane	*Acer platanoides* L.
Érable champêtre	*Acer campestris* L.
Hêtre	*Fagus sylvatica* L.
Merisier	*Prunus avium* L.
Sorbier des oiseaux	*Sorbus aucuparia* L.

Itinéraire n° 17

L'automne dans la vallée de la Tinée

Intérêt

Dans la basse vallée on retrouve les pentes boisées aux *charmes-houblons*, déjà observés dans la vallée de la Vésubie (**itinéraire n° 13**). Dans les pinèdes, on observe le *pin sylvestre* et aussi les formations *de pin à crochets* et de *pin cembrot* ou *arole*, et, à partir de 1800 mètres, les *mélèzes* aux aiguilles caduques jaunissantes.

J'ai surnommé cette vallée la **vallée des Lumières** : les roches colorées des parois rocheuses scintillent comme des pierres précieuses sous les rayons du soleil automnal. À leur éclat s'ajoutent les lueurs flamboyantes des feuillages.

Itinéraire

Aller : 100 km.

Empruntez la N202 jusqu'au pont de la Mescla (où les eaux du Var et de la Tinée, un de ses affluents de la rive gauche, se mélangent). Prendre la D2205 jusqu'à Isola (un détour par Isola 2000 est conseillé). Revenez à Isola et prendre la R205 en direction de Saint-Étienne-de-Tinée (itinéraire possible sur Auron). Continuez jusqu'à Saint-Dalmas-

Mélèzes à l'automne, col de Sestrière.

« La Toison d'or » dans la vallée des Lumières.

le-Selvage et au-delà sur une route étroite vers Sestrière et le col de la Moutière. Il est possible avec une voiture tout-terrain, du col de la Moutière, de rejoindre en 4 km, par une piste empierrée, la route de Barcelonnette un peu avant le col de Restefond (2678 m).

Retour: Si l'on ne continue pas au-delà de Saint-Étienne-de-Tinée vers Barcelonnette par le col de Restefond (souvent fermé en septembre), et si l'on ne veut pas revenir par le même itinéraire qu'à l'aller, on peut, 4 km après Saint-Sauveur-sur-Tinée, emprunter la D 2565 qui, par Saint-Dalmas-de-Valdeblore et La Colmiane, permet de rejoindre Saint-Martin-Vésubie (**itinéraire n° 13**).

> Sur la route de Saint-Delmas-le-Selvage à l'automne.
> Saint-Étienne-de-Tinée.

> Vieille grange dans la vallée de la Tinée.
> Saint-Dalmas-le-Selvage.

Paysages botaniques

Jusqu'à Plan-du-Var, nous empruntons la N 202, nous traversons la vallée inférieure du Var avec ses cultures maraîchères et, sur ses flancs, les villages perchés avec leurs terrasses d'oliviers.

La route s'engage dans les gorges inférieures du var. Au pont de la Mescla, au niveau du confluent de la Tinée et du Var, on emprunte la D 2205 qui remonte la vallée de la Tinée.

On pénètre progressivement dans l'**étage méditerranéen supérieur** avec ses bois de *chênes pubescents* et ses garrigues à *genévrier oxycèdre*. On y rencontre aussi, comme dans la vallée moyenne de la Vésubie, dans les endroits humides, le *charme-houblon*. L'altitude s'élève progressivement. À Saint-Sauveur-sur-Tinée (497 m), les premières châtaigneraies apparaissent. Insensiblement, on atteint l'étage montagnard avec ses pinèdes à *pin sylvestre*. C'est un pin rustique, très répandu, bien reconnaissable à son écorce rougeâtre. Ses aiguilles groupées par deux, de 4 à 5 cm de longueur, sont vert glauque. Les cônes de 3 à 8 cm de longueur sont pédonculés et renversés à maturité.

Çà et là, des groupements de *pins noirs d'Autriche* tranchent par leurs longues aiguilles piquantes vert sombre, de 8 à 14 cm. Les cônes sont pédonculés et ont de 6 à 8 cm de longueur.

CI-DESSUS, DE HAUT EN BAS
> Saint-Sauveur-sur-Tinée.
> Lande à genévrier couché (tache verte) et myrtillier (tache rouge) à l'automne.
> Bolet des mélèzes.

CI-CONTRE, DE HAUT EN BAS
> Myrtilliers du sous-bois de mélèzes à l'automne, col de Sestriere.
> Isola, vallée de la Tinée.

Dans la vallée, on observe des *bouleaux* dont les feuilles jaunes et tremblantes en éclairent le fond sous les brouillards matinaux.
Sur le bord de la route, les *frênes* commencent eux aussi à se colorer. Les châtaigneraies sont de plus en plus nombreuses et, quelques kilomètres plus loin, à Isola, elles constituent la principale ressource des habitants. La récolte des châtaignes donne lieu à des fêtes en octobre.
On atteint Saint-Étienne-de-Tinée. Il est possible de faire un détour par Auron. La route qui y mène traverse de belles pinèdes et sapinières et aboutit à de vastes pâturages intéressants l'été pour l'étude de la flore subalpine. Le téléphérique de Las Donnas permet d'atteindre 2300 m et d'étudier l'**étage alpin**.
De Saint-Étienne-de-Tinée la route remonte dans un ravin très coloré à cette saison par les *érables* et les *merisiers*.
Nous arrivons à Saint-Dalmas-le-Selvage, village le plus élevé de France (1480 m). Si vous ne poursuivez pas sur Barcelonnette, quittez la route nationale, traversez le village et engagez-vous sur la route de Sestrière qui monte vers le col de la Moutière (2454 m) (voir aussi *Les Sentiers d'Émilie* n° 25, 2e édition).
On traverse les forêts de *mélèzes* si caractéristiques de l'**étage subalpin**. Contrairement aux *sapins* et aux *épicéas*, ils perdent leurs feuilles l'hiver. À l'automne, ils prennent un ton jaune de plus en plus vif et constituent une véritable toison d'or sur le flanc des montagnes. C'est à pied qu'il faut parcourir ces sous-bois. Vous pourrez observer des arbres centenaires, couchés, à moitié déchiquetés par les avalanches et qui ont cependant triomphé des intempéries. Les déformations, les mutilations dont ils portent les marques n'empêchent pas leurs troncs de se redresser tandis que leurs racines énormes s'étalent sur les rochers.
Dans les sous-bois, les buissons de *myrtilliers* rougissent et les gros criquets alpins jaunes et noirs stridulent au soleil sur les graminées desséchées.
Brusquement, le froid peut éteindre en une nuit toutes les manifestations de cette vie ; pendant huit mois ces mélèzes géants devront affronter à nouveau les tempêtes de neige.
Au-dessus de la forêt s'étend une lande à *genévriers couchés*, d'un beau vert foncé, parsemée des touffes rouge vif des myrtilliers, puis vers 2600 m c'est le début de la zone alpine. À l'automne, elle apparaît comme un désert minéral, animé cependant par les chamois peu craintifs qui gambadent à quelques mètres des randonneurs sur les pentes pierreuses.
Au retour, ou à l'aller, je vous recommande un détour par la station d'Isola 2000. Une route en excellent état vous permettra d'y accéder tout en observant le *pin cembrot* ou *arole*, espèce protégée, caractérisée par ses rameaux à cinq aiguilles, au lieu de deux chez les autres espèces.
Avant le coucher du soleil, admirez les villages sous les couleurs de l'automne.
Dans quelques jours, la neige apparaîtra et ces lieux si attachants deviendront jusqu'en juin un désert pour le botaniste.

Mélèzes au col de Sestrière.

Le Bourguet, entre Isola et Saint-Étienne-de-Tinée.

Noms scientifiques des espèces citées dans cet itinéraire

Bouleau	*Betulus alba* L.
Charme-houblon	*Ostrya carpinifolia* Scop.
Frêne commun	*Fraxinus excelsior* L.
Genévrier couché	*Juniperus nana* Willd.
Genévrier oxycèdre	*Juniperus oxycedrus* L.
Hêtre	*Fagus silvestris* L.
Mélèze d'Europe	*Larix europaea* D.C.
Merisier	*Prunus padus* L.
Myrtille ou airelle	*Vaccinium myrtillus* L.
Pin à crochets	*Pinus uncinata* Ram.
Pin cembrot ou arole	*Pinus cembro* L.
Pin noir d'Autriche	*Pinus austriaca* Hoss.
Pin sylvestre	*Pinus sylvestris* L.

Itinéraire n° 18

Le circuit automnal de l'Audibergue

Intérêt

Cet itinéraire permet de découvrir les différents types de forêts caractéristiques des divers étages de végétation : pinèdes à *pin d'Alep*, chênaies à *chêne pubescent*, pinèdes à *pin sylvestre*, sapinières, hêtraies, sur un circuit d'une très grande beauté touristique et assez peu fréquenté.

Itinéraire

Relativement court, il peut se faire en une demi-journée (85 km au départ de Grasse). Ajoutez 78 km pour le trajet Nice-Grasse aller et retour. De Nice à Grasse, empruntez la D 2285. Poursuivez cette route, dite route Napoléon, en direction de Castellane, par Saint-Vallier, le col de Valferrière, Escragnolles et Séranon. Prenez à droite la D 81 en direction de Caille. À 3,5 km, quittez-la afin de poursuivre à droite la D 79 qui mène à Andon. Deux kilomètres et demi après ce village, continuez à droite sur la D 181 qui aboutit à Aups, en 2 km, au pied de l'Audibergue.
Retournez ensuite jusqu'à l'embranchement de la D 181 et de la D 81. Prenez cette dernière sur la droite en direction d'Andon.

> Pins sylvestres et feuillus.
Vue de la route de Saint-Vallier
à Escragnolles.
> Séranon.

Érable près de Caille.

Paysages botaniques

De Nice à Grasse, on reste dans l'étage méditerranéen inférieur. Après Villeneuve-Loubet, la route traverse des coulées de roches volcaniques (andésite gris foncé sous forme de tufs, blocs cimentés par les cendres volcaniques).

Le *pin mésogéen* apparaît, ainsi que les *chênes-lièges*; la garrigue est remplacée par des formations de maquis avec *arbousiers*, *myrtes*, *bruyères arborescentes*. À cette saison, les arbouses sont mûres et les baies bleu-noir des myrtes peuvent être récoltées et mises à macérer dans de l'alcool pour faire une liqueur parfumée.

Dès que réapparaît le calcaire, le *pin d'Alep* domine. Observez ces très beaux spécimens sur les bords de la route.

À Roquefort-les-Pins, remarquez les terrasses d'oliviers bien entretenues autour des mas.

La région de Grasse est surtout connue pour ses cultures de plantes à parfum: cultures d'orangers, de rosiers, de jasmins, de violettes, dont la cueillette se fait à la main. En octobre, on récolte les fleurs du cassier, petit mimosa (*Acacia farnesiana*) originaire des Caraïbes.

À Grasse, les touristes sont conviés à visiter les parfumeries. C'est dans cette ville que se préparent les essences de base qui servent à la fa-

Chêne pubescent à l'automne.

Doline (dépression argileuse avec pâturages) près de Canaux.

brication des parfums des grandes marques parisiennes. Dans les mêmes usines on fabrique aussi les extraits pour les potages en poudre Maggi, Knorr, etc. et des sirops de fruits (« pur fruit », « pur sucre ») de cerises, framboises, fraises qui sont acheminées par tonnes, au moment de la récolte dans le Midi.

Après cette digression sur l'industrie qui est liée à la botanique et surtout au mésoclimat exceptionnel de cette région (ensoleillement et abri des vents), nous poursuivons la route Napoléon en direction de Castellane.

Elle s'élève rapidement en traversant un plateau calcaire qui n'est que le prolongement des plans de Provence, occupé souvent par une garrigue à thym bien caractéristique et par quelques lambeaux de pinèdes.

Le chêne pubescent apparaît bientôt. Ici, ce ne sont pas de petits bois épars aux arbres maigres, mais une forêt où l'on peut admirer de très gros spécimens.

Je vous conseille de vous arrêter quelques kilomètres avant Saint-Vallier. Les clairières sont en fleurs. Des milliers de pâquerettes d'automne mêlées aux *odontites jaunes* font croire à un second printemps.

Le sous-bois est particulièrement riche en champignons : russules, lactaires, bolets y abondent.

Après Saint-Vallier (724 m), la route continue à s'élever, découvrant un magnifique panorama sur la cité : on retrouve un relief karstique avec une garrigue parsemée de *genévriers oxycèdres* et aussi de quelques *chênes verts* épais.

À 5 km au pas de la Faye (930 m), sur le versant nord, observez une hêtraie.

La route surplombe le ravin et l'on commence à apercevoir les premiers pins sylvestres.

La pinède devient de plus en plus dense au fur et à mesure que l'on se rapproche d'Escragnolles.

On peut s'arrêter au niveau de la distillerie *La Source parfumée* pour admirer le contraste entre les montagnes calcaires dénudées et les tâches vert sombre de la forêt.

Après le village d'Escragnolles, la route traverse encore la pinède qui atteint toute sa beauté au col de Valferrière (1 169 m).

Le *buis* a remplacé dans les sous-bois le *genévrier oxycèdre*, les amateurs de champignons pourront récolter des lactaires (« sanguins »), des « pissacans » (*Boletus granulatus*) et des gomphides.

On continue la traversée de cette pinède pendant 7 km. Poursuivez jusqu'au remarquable village de Séranon, avec ses vieilles demeures rustiques bâties au pied de pittoresques falaises de calcaire déchiquetées par l'érosion, puis dirigez-vous vers Caille.

Je vous conseille de vous arrêter pour admirer, entre les troncs rougeâtres des pins, le village de Caille entouré de pâturages.

Si vous en avez le loisir, marchez pendant quelques kilomètres jusqu'au vallon de la Moulière. Dans les bois se dissimulent des chalets dont le style s'harmonise admirablement avec le paysage. Partout des sentiers vous invitent à pénétrer dans cette forêt. Vous y rencontrerez la délicate *gentiane ciliée* et quelques touffes de *carlines acaules* ou « *chardons argentés des Alpes* ». En prenant la D 181, vous arriverez au pied de la montagne de l'Audibergue, plus fréquentée en période de ski qu'en cette saison automnale.

C'est à travers une belle sapinière que vous atteindrez Aups, au pied de l'Audibergue (1 600 m).

La richesse en champignons mérite un arrêt prolongé. Les tricholomes terreux y abondent, mais il y a aussi des bolets et même, dans quelques prairies, des coulemelles et des tricholomes bleus.

Revenez par la même route pour rejoindre Andon. Ce village (1 182 m) est une halte très agréable, au milieu de prairies dominées par des sapinières où se cachent de nombreux chalets.

Prenez ensuite la D 79 qui mène à Pont-du-Loup et, de là, par la D 5, à Saint-Vallier.

Observez les changements rapides de végétation : la pinède réapparaît, puis se clairsème faisant place à une lande à buis et à lavande, très dépouillée et particulièrement belle le soir, au coucher du soleil, dans son isolement et son calme absolu. Plus loin, au col de la Sine (1 108 m), le paysage se colore : un peuplement d'érables forme une tache dorée au-

CI-DESSUS

> Carline acaule.

CI-CONTRE

> Colchique d'automne
en cours de développement.

tour du village de Canaux ; dans les prés humides les colchiques abondent.

On laisse à gauche la route de Caussols et pendant 5 km on traverse une hêtraie. À cette saison, elle étincelle de tout l'or de ses feuilles, avivé par le soleil couchant.

Au-delà, quelques kilomètres avant Saint-Vallier, c'est à nouveau la lande à genêt, puis la garrigue où dominent le *ciste cotonneux* et la *sarriette*.

La route descend rapidement au milieu de quelques bosquets de chênes pubescents.

Ainsi, sur moins de 100 km, est-il possible d'observer les divers types de forêts ; mais c'est aussi le changement extrêmement brusque de végétation qui frappe le plus, mettant ainsi en évidence sur un substrat calcaire homogène le rôle des facteurs climatiques. La variété des mésoclimats permet le développement d'un grand nombre de peuplements végétaux.

Nous avons décrit ce circuit à l'automne, mais il peut faire l'objet de recherches intéressantes, notamment au printemps où l'on peut emprunter cet itinéraire de Grasse au col de Valferrière et revenir par la N 563 par Mons et, de là, par la D 4, par Saint-Paul-en-Forêt et Bagnols-en-Forêt.

Ou bien, l'été, à partir de Pont-du-Loup, au lieu de prendre la D 5 à droite vers Saint-Vallier, tournez à gauche vers Thorenc. La flore subalpine est intéressante : nombreuses orchidées, en particulier. Ou de Thorenc passez par le col de Bleine et rejoignez l'Estéron à Aiglun.

Dans la montagne de Charamel et celle du Cheiron, que de belles découvertes en perspective !!!

Noms scientifiques des espèces citées dans cet itinéraire

Buis toujours vert	*Buxus sempervirens* L.
Carline acaule	*Carlina acaulis* L.
Chêne-liège	*Quercus suber* L.
Chêne pubescent	*Quercus pubescens* L.
Chêne vert	*Quercus ilex* L.
Colchique d'automne	*Colchicum autumnale* L.
Genévrier oxycèdre	*Juniperus oxycedrus* L.
Odontite jaune	*Odontites lutea* L.
Pin d'Alep	*Pinus halepensis* L.
Pin mésogéen	*Pinus pinaster* Sol.
Sarriette des montagnes	*Satureia montana*

Itinéraire n° 19

L'automne dans les corniches de l'Estéron

Intérêt

Cet itinéraire très original permet, par de petites routes départementales, de rejoindre la vallée du Var à partir de celle de l'Estéron.

À travers châtaigneraies, pinèdes, landes et garrigues, entre la montagne de Gourdan (1503 m) au nord, et celles de Gars et de Charamel (1471 m) au sud, on découvre les pittoresques villages de La Rochette (Alpes-Maritimes) et de Castellet-Saint-Cassien (Alpes-de-Haute-Provence).

À quelques kilomètres des grands circuits touristiques, cette enclave qui appartient à la zone géographique des hautes clues de Provence offre aux amis de la nature des sites intacts et sauvages.

Itinéraire

175 km environ. Quittez Nice par la N 202. Prenez au pont Charles-Albert (2 km après Saint-Martin-du-Var) à gauche la D 17 de la vallée de l'Estéron par Gilette, Roquestéron, Sigale, clue de Riolan, jusqu'au pont des Miolans.

Au pont des Miolans, prenez à droite, sur quelques centaines de mètres seulement, la D 2211A vers La Penne, puis bifurquez à gauche sur la D 10, route de Saint-Pierre qui va jusqu'à Rouaine. Quittez-la peu après Castellet-Saint-Cassien pour prendre la D 911 qui, par le col de Félines, mène à Entrevaux d'où vous rattraperez la N 202 vers Nice en suivant le Var.

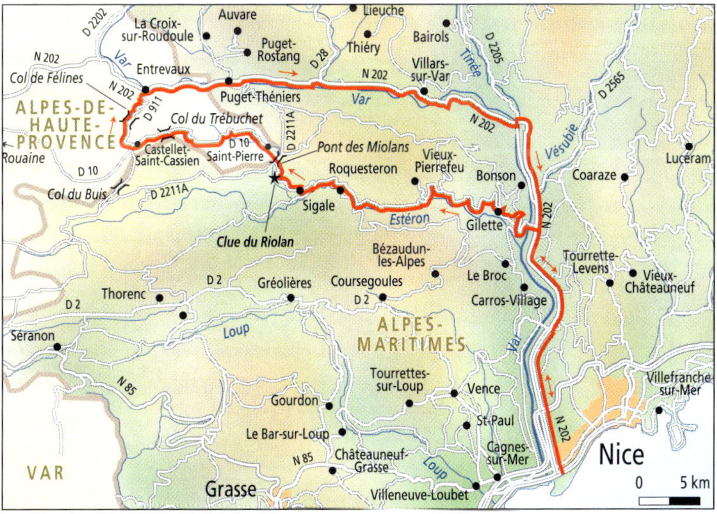

Paysages botaniques

De Nice au pont Charles-Albert, la N202 suit la rive gauche du Var dans une zone de cultures. Après avoir franchi le fleuve au pont Charles-Albert, la route de la vallée de l'Estéron monte en corniche à travers de belles terrasses d'oliviers.

Deux kilomètres avant Gilette, admirez l'Estéron qui coule au fond de la vallée. Sur la droite de la route, des massifs imposants de calcaire dolomitique ruiniforme sont couverts de pinèdes, puis les terrasses d'oliviers s'étagent en escalier jusqu'au bord de la rive gauche de la rivière.

Beaucoup de terres ont été abandonnées après la Première Guerre mondiale et pinèdes et chênaies se sont reconstituées en étouffant les oliviers et les vignes. Fort heureusement, la viabilisation de cette zone permet l'implantation de résidences secondaires et la régénération des oliveraies plusieurs fois centenaires. L'huile d'olive de Gilette est l'une des plus savoureuses de toute la région niçoise, en raison d'un climat local très ensoleillé. Dès que commence la récolte des olives, en décembre, ne manquez pas de vous arrêter au moulin du village pour assister à l'extraction de l'huile. Les grosses roues en grès écrasent les olives par un procédé connu depuis des siècles. Vous verrez gicler cette huile qui ennoblit les plats les plus humbles.

Chaque année, comme au village voisin de Bonson, a lieu la fête de l'Olivier où les producteurs font déguster aux touristes olives, huiles et produits du terroir.

À l'ubac, en face, sur la rive droite de l'Estéron, on aperçoit des forêts de *chênes pubescents* et des pinèdes où le climat plus froid empêche la croissance des oliviers.

Ce contraste entre l'adret et l'ubac est aussi réel qu'en haute montagne et permet de bien connaître le rôle des facteurs climatiques dans le développement de la végétation.

On traverse le pittoresque village de Gilette (459 m) bâti dans un décor wagnérien. Les ruines de son château, *Le Pré du seigneur*, sa couronne de rochers imposants, sculptés par l'érosion, rappellent les paysages ruiniformes de Monserrat, en Espagne, qui inspirèrent Wagner. Dans ce décor est installé le théâtre de Verdure où se déroulent, à la belle saison, de nombreuses manifestations artistiques.

Continuons la route en corniche. Pinèdes et oliveraies se succèdent en suivant les caprices de l'Estéron qui disparaît dans d'étroites gorges calcaires.

On traverse Vescous et Pierrefeu. On se trouve ici dans l'étage méditerranéen supérieur.

Après Pierrefeu, le *pin mésogéen* apparaît avec un sous-bois d'*arbousiers* et de bruyères qui rappelle étrangement celui de la forêt de l'Estérel (voir **itinéraire n° 20**).

Cette végétation typiquement silicicole s'explique par des affleurements de grès qui ont relayé les calcaires.

Je vous invite à une halte pour cueillir des champignons. Ici, les « *sanguins* » abondent et tout en les cherchant, vous pourrez accéder aux

CI-DESSUS, DE HAUT EN BAS

> Couleurs d'automne des feuillus (arbres à feuilles caduques) dans la pinède du val de Chalvagne.

> Chêne pubescent et oratoire près de Castellet.

CI-CONTRE, DE HAUT EN BAS

> Confluent de l'Estéron et du Var, vu depuis Gilette.

> Castellet.

> Érable champetre et pin sylvestre près du Castellet.

CI-DESSUS, DE HAUT EN BAS

> La vallée du Var, en aval d'Entrevaux.

> Clitocybe géant dans les prés de Castellet.

CI-CONTRE

> Sumac aux environs de Roquesteron.

bords de l'Estéron dont les eaux vives et claires ont la pureté des torrents de haute montagne.
En face, à gauche, sur la rive droite, se dressent les pentes boisées du massif du Cheiron (voir **itinéraire n° 9**).
Nous arrivons à Roquestéron, plaqué contre le mont Long, et la route continue à monter vers un autre village tout aussi pittoresque : Sigale, entouré d'oliviers. Remarquez comme ils sont plus maigres, plus tordus, plus petits que ceux de Gilette. Nous sommes à 630 m d'altitude. Sur les terrains incultes, le *sumac* s'est implanté.
À cette saison, ses touffes rouge éclatant forment une mosaïque rutilante sur les roches blanches. Si l'on ajoute le bleu lumineux du ciel, vous comprendrez qu'il soit bien agréable de s'attarder dans ces garrigues pour faire promenades et photos. La route atteint la clue de Riolan, brèche impressionnante creusée dans les masses calcaires par le torrent du Riolan, affluent de l'Estéron.
Après le passage de ce couloir, la végétation méditerranéenne disparaît brusquement, l'air est froid. Il semble que l'hiver soit déjà arrivé. Sur les rochers, les *saxifrages* remplacent le thym et le *centranthe*. Il n'y a plus un seul olivier ; la route traverse une pinède à *pins sylvestres*.
Au pont des Miolans, laissez à gauche la route de Collongues, prenez celle du col de Saint-Raphaël à droite, sur quelques centaines de mètres, et bifurquez à gauche sur la route de Saint-Pierre et de Rouaine.
Cette départementale peu fréquentée traverse une belle région sauvage et boisée.
Je vous conseille un arrêt avant Saint-Pierre, dans les bois de pins, au milieu d'énormes blocs de grès.
Sous les touffes de *callune* vous découvrirez des lactaires, des cortinaires, des tricholomes et des hygrophores.
La flore mycologique de cette région peu explorée mériterait d'être étudiée.
Le calme du site fait penser à certaines régions du centre de la France, alors que l'on se trouve à moins de 100 km de Nice !
Après le village de Saint-Pierre, les châtaigneraies qui entourent les vastes prairies imposent un arrêt. Les arbres centenaires sont énormes et vigoureux et leurs sous-bois sont riches en champignons.
En poursuivant sur la D 10, on atteint le petit village perché de La Rochette, puis le col de Trébuchet (1 141 m), au milieu d'une pinède où vous pourrez remplir votre panier de « sanguins » et de « pissacans », et peut-être, dans ce cadre virgilien, lier conversation avec l'un des bergers qui gardent leurs troupeaux dans la paix des sous-bois et des champs.
Les nombreux lacets du val de Chalvagne vous conduisent au village de Castellet-Saint-Cassien, encore épargné par la civilisation moderne. C'est pour le naturaliste un coin de paradis où il est agréable de s'attarder.
Jusqu'au col de Félines, vous traverserez des pinèdes entrecoupées de prairies. La région est peu habitée : seulement quelques mas isolés où l'on pratique l'élevage et la polyculture.

Hameau de la Rochette.

Vue sur la citadelle d'Entrevaux.

Au col, le charme est rompu : chaque champ est un parking de voitures. Des centaines de chercheurs de « sanguins » grattent la mousse sous les bois, livrés à leur passion.

Il ne reste plus qu'à amorcer la descente sur Entrevaux. La cité médiévale apparaît sur la rive droite, tandis que sur la rive gauche amandiers et oliviers croissent sur les parois calcaires de ce synclinal chargé d'histoire. Ponts fortifiés et remparts font revivre la vie de cette place forte établie par Vauban. Mais il est à parier qu'au sommet de la citadelle, en regardant couler le Var, vous penserez avec nostalgie aux champs fleuris de ses sources endormies sous la neige.

Noms scientifiques des espèces citées dans cet itinéraire

Arbousier	*Arbutus unedo* L.
Callune	*Calluna vulgaris*
Chêne pubescent	*Quercus pubescens* L.
Lactaire délicieux « sanguin »	*Lactarius deliciosus* Fr. *var sanguiflunus*
Sumac	*Cotinus coggygria* Scop.

Itinéraire n° 20

Dans la forêt de l'Estérel, à l'automne

Intérêt

Cet itinéraire permet de découvrir la végétation silicicole méditerranéenne (forêt de chênes-lièges et de pins mésogéens, maquis) et de saisir l'importance des facteurs édaphiques (c'est-à-dire de la composition chimique du sol).

Le massif de l'Estérel est essentiellement constitué de roches volcaniques, en particulier de ryolite rouge (cf. carte n° 1 p.143), toutes riches en silice, qui donnent un sol acide. Ainsi s'explique le changement des espèces de la forêt lorsque l'on passe des collines calcaires des environs de Nice aux dômes ryolitiques de l'Estérel. Même si l'on n'est pas attiré par la géologie, on ne peut pas rester insensible à l'incomparable beauté des paysages : falaises déchiquetées de roches écarlates tombant à pic dans une mer bleu indigo, cônes et pics volcaniques émergeant de la forêt toujours verte.

Il est aussi intéressant de savoir que le massif de l'Estérel s'est formé il y a 290 millions d'années, au Permien (c'est-à-dire à la fin de l'ère primaire), qu'il est le résultat de 4 à 5 millions d'années d'éruptions volcaniques, avec le plus souvent des nuées ardentes et le rejet de laves visqueuses qui, en refroidissant, ont formé la ryolite.

Ces rochers rouges (ryolite) sont le résultat de 5 millions d'années d'éruptions volcaniques ininterrompues il y a 290 millions d'années.

Itinéraire

Circuit d'environ 130 km.

Prenez l'autoroute A8 en direction de Cannes, à l'ouest de Nice. Quittez-la à la sortie « Les Adrets-de-l'Estérel ». Prenez la D 837 en direction du village des Adrets. À l'église, empruntez la D 237 qui permet de rattraper la N 7 en 6 km, par un pittoresque parcours forestier. Arrivés à son niveau, prenez la direction de Fréjus et 2 km avant cette ville empruntez à gauche la D 37 en direction de Valescure, puis Agay en bord de mer. De là, rentrez par la N 98, dite « de la Corniche d'or », en direction de Cannes et Nice.

Paysages botaniques

Dès que vous quittez l'autoroute pour emprunter la petite route qui conduit au village des Adrets, vous êtes au cœur de la forêt : vous apercevez de nombreux *chênes-lièges*. Ce chêne à feuilles persistantes se reconnaît immédiatement à son écorce épaisse formée de liège crevassé, caractère qui permet de le distinguer instantanément du *chêne vert* ou *chêne yeuse*.

Sur certains arbres, le liège a été prélevé et la surface du tronc est alors lisse et rouge en cet endroit. Cette opération dite de « démas-

En bordure de la N7, en direction de Fréjus, superbe chêne-liège exploité.

Introduction de la flore subtropicale dans les jardins des villas des Adrets, dans la forêt à chênes-lièges.

clage » permet d'obtenir des plaques de liège utilisées comme isolant, pour la confection des bouchons ou même très recherchées pour la décoration dans les immeubles modernes.

Le chêne-liège voisine avec le *pin mésogéen*. Il se distingue du *pin d'Alep* au tronc argenté et écailleux brun-rouge, crevassé, par ses aiguilles plus longues, plus vertes, plus épaisses, plus raides, et ses cônes plus gros.

Il est considéré par les botanistes comme une race méditerranéenne du pin maritime des Landes.

Le sous-bois est riche en arbustes et arbrisseaux qui se plaisent dans les terrains siliceux.

Les *arbousiers* sont ici très nombreux. Les fruits (arbouses rouges) ressemblent à des fraises. À cette saison, elles sont mûres. Ce sont des baies comestibles à saveur douce. Dès la fin octobre, les fleurs en grappes, en forme de clochettes blanches, apparaissent. Elles ressemblent à celles de la bruyère. L'arbousier est d'ailleurs classé dans la même famille des *éricacées* (*Erica* : nom latin de la bruyère).

On comprend que l'arbousier, avec son feuillage persistant vert luisant, ses fleurs et ses fruits qui le parent à l'automne, soit recherché pour l'ornementation des jardins. Il est vendu sous le joli nom d'« arbre à fraises » !

> Pins parasols.
> Arbousier.

Paysage de maquis. Les ravins sont inaccessibles en cas d'incendie.

En plus de sa beauté, il mérite notre admiration parce que ses feuilles servent de nourriture à la chenille du plus grand et du plus éclatant papillon de notre faune, le Jasion (*Charaxes jasius*), espèce à préserver, ce qui implique la protection de l'arbousier.
À côté, les *bruyères arborescentes* forment des buissons épais dépassant souvent deux mètres de haut. Sous les *fougères aigles* aux frondes dorées apparaissent, dès les premières pluies, les russules écarlates bientôt suivies par les amanites, cèpes, oronges et lactaires, des blancs, des bruns, des orangés, parmi lesquels le renommé « sanguin ». C'est une variété du *lactaire délicieux*. Tandis que le liquide qui s'écoule du lactaire délicieux est orangé, celui du sanguin est rouge sang. Ils virent tous deux à l'air et prennent une couleur verte peu engageante. Ces deux espèces sont comestibles, mais le sanguin a une saveur plus délicate.
Rappelez-vous en passant qu'il faut rejeter les lactaires orangés dont le lait est blanc. Certaines espèces sont vénéneuses.
La cueillette des sanguins est une tradition locale, comme la pétanque ou le pastis. Dans toutes les familles on les consomme frais, sautés, grillés, en sauce, mais surtout on en fait des conserves sous l'huile. Chaque cuisinière a sa recette. Toute l'année, il apparaît sur les tables

en hors-d'œuvre avec les olives. Ainsi s'explique la recherche intensive dont il est l'objet.
Fort heureusement pour le naturaliste, les autres espèces sont délaissées et le mycophage averti trouvera dans les sous-bois bien d'autres champignons délectables.
De place en place, on rencontre quelques châtaigneraies, mais ce sont pour la plupart des plantations privées où la récolte des champignons et, bien sûr, des châtaignes, est interdite.
L'incendie a fait dans cette magnifique forêt des dégâts considérables; le maquis l'a remplacée. Il est épais, haut, souvent impénétrable comme celui, plus connu, de la Corse.
Il renferme essentiellement l'*arbousier*, le *genêt épineux*, la *bruyère arborescente*, les *cistes de Montpellier* et *à feuilles de sauge*, ainsi que la *callune vulgaire* et la *lavande staechade* (voir **itinéraire n° 8**).
La pinède se reconstitue d'elle-même: les jeunes plants apparaissent un peu partout. Il est indispensable de les respecter.
Au cours des deux dernières décennies, les constructions de résidences et de villas luxueuses se sont multipliées. Dans leurs jardins, la végétation subtropicale s'est mêlée aux essences forestières. Dans cette forêt colonisée par l'homme, les arbres sont cependant bien protégés, soignés, taillés, bien intégrés dans leur nouvel environnement. Mais pour ces habitats dissimulés dans l'immensité de la végétation naturelle, dense, souvent impénétrable, les risques d'incendie sont toujours préoccupants, malgré l'adduction d'eau dans les parcelles construites. Les catastrophes de l'été 2003 dans le massif des Maures les ont tragiquement démontrés. Il faut instaurer d'urgence une politique de prévention efficace. Elle passe par une éducation des habitants, des jeunes en particulier, par le biais de stages d'information, de mise en place d'équipes bénévoles de surveillance et de secours. La lutte contre les feux est en effet très spécifique à cette région. La forêt s'étend dans des ravins inaccessibles. Il faudrait donc, en plus de très larges périmètres de protection autour des maisons, un véritable quadrillage par le tracé de pistes carrossables réservées uniquement aux pompiers. La sauvegarde de ce sanctuaire végétal est à ce prix.
Chaque propriétaire d'une parcelle de terrain devrait avoir à cœur de faire l'inventaire des espèces qui croissent spontanément. Débroussailler pour lutter contre l'incendie ne signifie pas tout détruire. Il est possible de conserver quelques exemplaires de chaque espèce. Espacées, taillées, elle se développeront rapidement. Ainsi chacun pourrait-il apporter bien facilement sa contribution à la protection de la nature.
Après le village des Adrets, on rejoint la N 7 et de là on emprunte, 2 km avant Fréjus, la D 37 en direction de Valescure. On pénètre dans la remarquable pinède à *pin parasol*. Ces arbres splendides doivent leur nom à leur port caractéristique.
Ils se plaisent particulièrement ici, sur les terrains siliceux, et poussent même sur les terrains salés du littoral.

S'ils se reproduisent spontanément, leur croissance est lente. Leurs grosses graines, appelées « pignons », situées sous les écailles des gros cônes, ou « pignes » (fruits de l'arbre), entrent dans la confection de nombreuses pâtisseries et entremets locaux.

Il est très facile de les faire germer dans un pot avec du terreau acide (terre de bruyère). Au bout d'un an, on peut mettre les pousses en place, en pleine terre.

En approchant d'Agay, à la forêt du pin parasol succède celle du pin mésogéen, entrecoupée de parcelles de maquis où dominent la lavande staechade, les cistes et les genêts.

En poursuivant par la route de la Corniche d'or, au coucher du soleil, il est souhaitable de faire quelques haltes sur les parkings aménagés en surplomb des calanques. Le spectacle des roches rouges battues par les flots, de la mer, du ciel très bleu, des pins verts et du sous-bois doré est paradisiaque.

Celui qui peut passer quelques jours dans cet éden méditerranéen pourra le parcourir en empruntant les nombreux sentiers forestiers.

Si le temps est pluvieux, un autre plaisir attend le promeneur : les champignons apparaissent et leur poussée se prolonge parfois jusqu'en décembre.

En janvier, les mimosas acclimatés commencent à fleurir dans le fond des ravins : ils sont devenus « sauvages » (subspontanés, comme disent les botanistes).

Dès le début du printemps, c'est ici que vous pourrez revenir en suivant l'**itinéraire n° 8**.

Noms scientifiques des espèces citées dans cet itinéraire

Arbousier	*Arbutus unedo* L.
Bruyère arborescente	*Erica arborea* L.
Callune	*Calluna vulgaris* L.
Chêne-liège	*Quercus suber* L.
Ciste à feuilles de sauge	*Cistus salviaefolius* L.
Ciste de Montpellier	*Cistus monspellensis* L.
Fougère aigle	*Pteris aquilina* L.
Genêt épineux	*Calycotome spinosa* L.
Lavande staechade	*Lavandula staechas* L.
Pin mésogéen	*Pinus pinaster soland* L.
Pin parasol	*Pinus pinea* L.

III.
Le rôle des facteurs écologiques sur la répartition des paysages botaniques

Au cours des divers itinéraires parcourus précédemment, nous avons rencontré des paysages botaniques très variés, et remarqué qu'ils changeaient en fonction de divers facteurs :
– *l'altitude* : le circuit de l'Authion (**itinéraire n° 11**) nous fait passer de la zone de l'olivier à celle des prairies alpines en moins de 50 km ;
– *le sol* : nous avons vu combien les forêts de l'Estérel sur terrains volcaniques siliceux différaient des pinèdes des collines calcaires à l'est de Nice.
À plusieurs reprises, nous avons observé que ces paysages étaient en pleine évolution : forêts dégradées transformées en maquis ou, au contraire, reconstitution de pinèdes et de chênaies sur d'anciennes terrasses d'oliviers.
Enfin, nous avons souligné les modifications apportées par l'homme : implantation sur le littoral d'espèces exotiques dont certaines, redevenues sauvages comme le mimosa, concurrencent en certains points la végétation autochtone.
Après avoir accumulé sur le terrain un grand nombre d'observations, nous allons dans ce chapitre les rassembler pour mieux interpréter la géographie botanique de la région.

Facteurs climatiques

– Les températures

Les variations de paysages en fonction de l'altitude s'expliquent par les variations climatiques. Dans les Alpes-Maritimes, nous avons rencontré l'olivier jusqu'à 800 m sur les versants ensoleillés des vallées moyennes de la Vésubie, de la Tinée, de la Roya. S'il résiste à une température de – 12 °C, il lui faut une température annuelle moyenne de 13 °C.
Pour une même région, il faut tenir compte des variations de température locale. Par exemple, la baie de Beaulieu-sur-Mer est protégée par la falaise du mont Saint-Michel de 376 m, cerclée d'une couronne

Station	Altitude en mètres	Janv.	Fév.	Mars	Avril	Mai	Juin	Juil.	Août	Sept.	Oct.	Nov.	Déc.	Moyenne annuelle
Antibes	74	9,2	7,8	11,3	13,8	19,1	22,2	25,9	27,7	21,2	15,7	13,1	10,4	16,7
Berre	715	6,7	4,6	10,1	11,5	18,4	24,7	24,5	27	19,6	13,4	10,7	7,9	14,9
Peïra-Cava	1 480	2,7	0,4	7,3	7,9	13,9	20,1	20,2	22,0	13,9	8,4	6,5	3,8	10,6
Menton	16	10,5	8,4	12,4	14,1	20,2	25,0	25,6	28,4	21,8	16,6	14,0	11,8	17,4
Nice	5	9,6	8,4	11,6	13,8	19,1	24,4	25,3	27,4	21,2	16,0	13,6	10,6	16,7
Mont Agel	1 103	3,8	0,8	6,8	8,3	14,9	21,1	20,8	23,2	15,3	9,9	8,2	4,7	11,5
Peone	1 784	– 3,5	– 5,8	1,1	2,5	8,0	14,9	17,9	16,5	9,5	3,6	2,7	2,1	5,8
Auron	1 600	– 0,8	– 2,8	3,8	5,4	11,4	17,9	17,9	19,7	13,0	6,1	4,2	0,9	8,1
St-Martin-Vésubie	1 053	3,4	1,9	8,3	9,7	15,6	21,9	22,3	24,2	16,8	10,4	7,5	4,8	12,1
Cap-d'Ail	136	11,3	9,4	13,0	14,6	20,3	26,0	26,2	28,2	22,6	17,2	15,2	12,7	18,0

Tableau 3. Températures moyennes mensuelles 2003 dans les Alpes-Maritimes
(renseignements communiqués par Météo-France).

de crêtes calcaires de 600 m. Ces masses calcaires accumulent de la chaleur le jour et la restituent la nuit; d'où les faibles écarts des températures diurnes et nocturnes.
À cet effet s'ajoute celui, modérateur, de la mer. Ainsi s'explique l'extraordinaire vivacité de la végétation exotique, palmiers en particulier, et le surnom de « Petite Afrique » donnée à cette baie au mésoclimat subtropical. Les températures moyennes mensuelles fournies par Météo-France Nice confirment ces remarques (tableau 3, ci-contre).
On constate une *diminution des moyennes des températures en fonction de l'altitude*.

– L'HUMIDITÉ
Le climat méditerranéen est caractérisé par la sécheresse de l'été. Sur le littoral la quantité d'eau qui tombe annuellement pendant la saison froide est souvent inférieure à 700 mm – d'où une adaptation des plantes.
Elle augmente progressivement en même temps que l'altitude : dans les moyennes vallées, elle atteint annuellement 1 200 à 1 500 mm ; sur les hauts sommets, 2 000 mm et plus.

– LES VENTS
Le mistral, qui souffle avec violence sur toute la Provence occidentale et qui provoque le dessèchement et un abaissement de la température, perd peu à peu de sa force de Saint-Raphaël à Nice.
Dans la région de Grasse, à l'abri des vents et grâce à son hémicycle de montagnes, l'oranger pousse aussi facilement qu'à Nice ou à Menton.
Dans les hautes régions, les vents violents dessèchent l'été les plantes alpines qui, bien que croissant dans des régions à forte pluviosité, doivent s'adapter à cette sécheresse estivale et sont des *xérophytes* comme les espèces du littoral méditerranéen.

En fait, ces facteurs climatiques sont associés ; ils expliquent les différences que nous avons observées entre les adrets et les ubacs en montagne (faciès montagnard sec avec pinèdes et lavandaies à l'adret, faciès humide avec sapinières à l'ubac) et la grande variété des méso et microclimats sur la Côte d'Azur.

Facteurs édaphiques (liés au sol)

L'examen de la *carte des roches* très simplifiée (carte 1) nous permet de comprendre les liens qui existent entre les plantes et le sol.
Sur cette carte nous n'avons indiqué que la nature des roches. L'âge d'un calcaire (Jurassique ou Crétacé) a relativement peu d'importance pour le botaniste. Certaines plantes ne supportent pas un excès de calcaire. C'est ce qui explique l'absence de myrtes, arbousiers, bruyères et chênes-lièges sur les Préalpes calcaires. Dès que ces plantes réappa-

raissent, on est sûr de trouver de la silice dans le sous-sol.
Dans l'**itinéraire n° 19** de la vallée de l'Estéron, sur un court trajet, les pinèdes à pin mésogéen et les arbustes de sous-bois sont identiques à ceux rencontrés dans l'Estérel. Leur présence s'explique par un affleurement de grès (roches siliceuses).
La diversité des formations géologiques est un des éléments qui conditionnent la variété des paysages.

– Interprétation de la carte 1 (carte simplifiée de répartition des roches)

Nous observons d'abord les terrains qui renferment de la silice.
On distingue :

1. Des terrains primaires

A. Les massifs anciens :
– au nord-est de la carte, massif de l'Argentera-Mercantour, essentiellement formé de gneiss avec des noyaux de granite et constitué par une chaîne de montagnes entre 2000 et 3400 m ;
– massif du Tanneron au sud-ouest, formé aussi de gneiss avec intrusions granitiques et le massif volcanique de l'Estérel constitué de roches volcaniques rouges (ryolites permiennes) et de schistes.
B. Le dôme de Barrot, formé de masses énormes de pélites rouges permiennes, entaillées par les torrents (gorges du Cians et de Daluis).
C. Bordure schisteuse du sud de l'Argentera (région de Tende, val des Merveilles).

2. Des roches tertiaires

A. Grès du massif de la Sanguinière, de Berre, Peïra-Cava, Puget-Théniers, de Saint-Antonin (avec intercalations de roches volcaniques).
B. Des roches volcaniques (tufs andésitiques), coulées de Biot et Villeneuve-Loubet.
C. Des poudingues calcaires (conglomérats de galets soudés par un ciment calcaire).

Les autres régions sont essentiellement calcaires, avec parfois des intercalations de marnes.
À partir de ces roches se sont formées des terres dont la composition dépend :
1. de la nature de la roche mère : teneur en calcaire en particulier ;
2. des facteurs d'érosion (lessivage) ;
3. des facteurs climatiques : sécheresse du climat, fortes pluies ;
4. du rôle joué par les végétaux : plus ou moins grande teneur en humus.

L'ensemble de ces facteurs donne naissance à des terres siliceuses, calcaires ou mixtes.

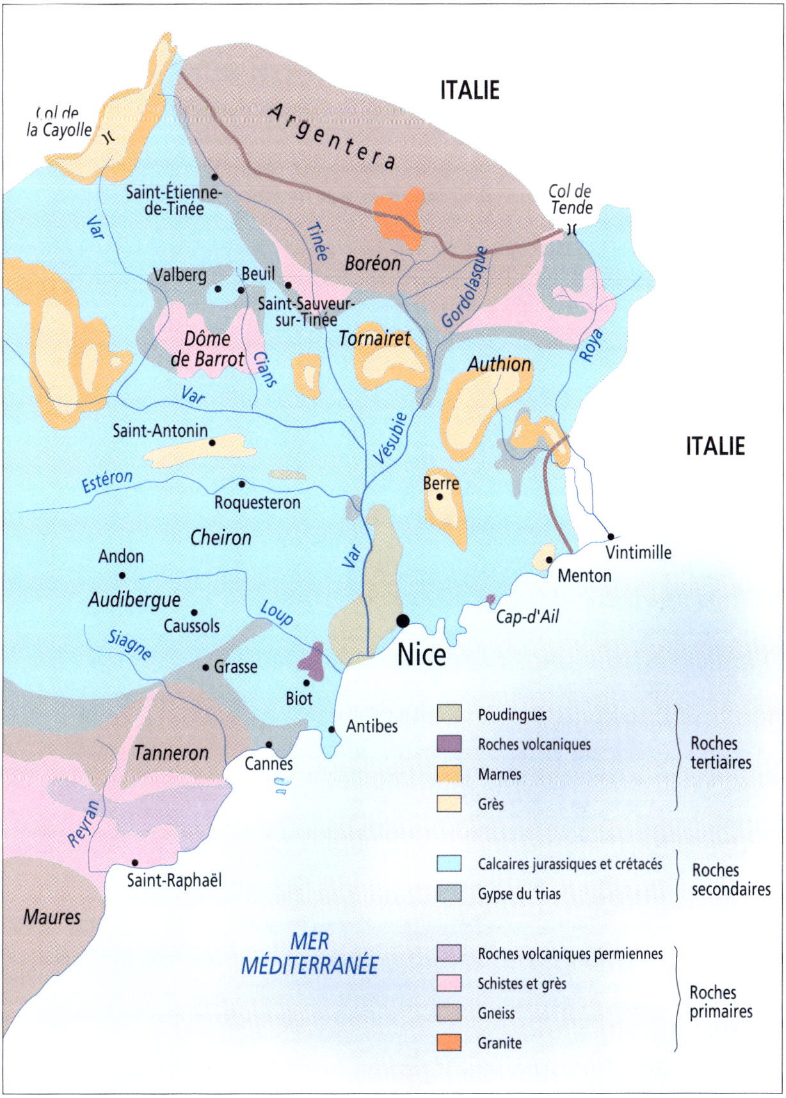

Carte 1. Carte très simplifiée de la répartition de roches sur les itinéraires fleuris de la côte d'Azur.

(D'après une carte géologique de M. Marmet publiée au CRDD de Nice, 117 rue de France. Bulletin liaison biologie-géologie, n° 12).

Facteurs biotiques (liés à la vie)

À ces facteurs climatiques et édaphiques s'ajoutent les facteurs liés à la vie, ou facteurs biotiques : compétition entre les espèces, rôle joué par l'homme (introduction d'essences étrangères : eucalyptus, cèdres, résineux divers) et rôle joué par les animaux (troupeaux transhumants conduisant parfois au surpâturage et à la destruction du couvert végétal).

– **Interprétation de la carte 2 de végétation (ci-contre)**
Il existe pour la région deux feuilles de la carte de végétation au 1/200 000e, dressées par P. Ozenda, du CNRS : feuille d'Antibes et feuille de Nice. Je vous propose, dans cet ouvrage, une carte très simplifiée[1].
Lorsque les conditions climatiques changent avec l'altitude, on observe un changement de végétation : à chaque zone climatique correspond un étage de végétation. Dans chacun de ces étages, les associations végétales rencontrées dépendent de l'ensemble des facteurs écologiques, climatiques, édaphiques et biotiques.

– **Les étages de végétation**
Dans chaque étage, en fonction des différents facteurs écologiques (plus ou moins grande intensité de la lumière, humidité, teneur en calcaire, en humus, etc.), on distingue plusieurs séries.
Dans l'étage méditerranéen, nous notons le contraste entre les pinèdes à pin d'Alep à l'est de Nice, sur terrains calcaires, et les forêts à chêne-liège sur terrains volcaniques de l'Estérel.
La série prend le nom de l'espèce dominante. Nous distinguons la série à pin d'Alep, la série à chêne-liège, etc.
De plus, nous avons souvent constaté que les paysages botaniques évoluent. À partir d'un terrain nu ou de cultures abandonnées, par exemple, il y a dans le temps une progression étape par étape, ou mieux, marche par marche, c'est-à-dire une série de végétations successives qui aboutiront à la reconstitution d'un milieu équilibré au bout de cinquante ans, par exemple la forêt. C'est le *climax*.

[1] D'après celle réalisée par Mme Bornancin, professeur à l'école normale de garçons de Nice et éditée par le Centre régional de documentation pédagogique (CRDP) de Nice, avec la brochure « Répartition de la végétation dans les Alpes-Maritimes » et la carte de la végétation de la France au 1/250 000e, feuille d'Antibes et de Nice, par P. Ozenda.

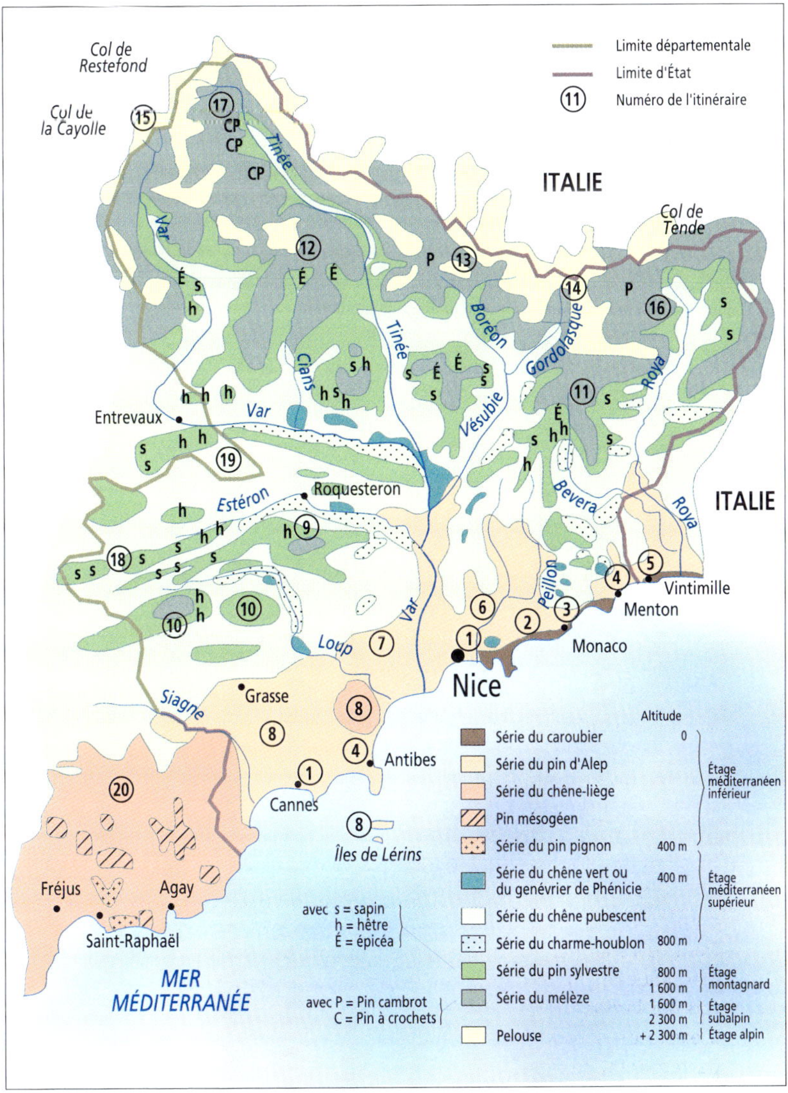

Carte 2. Carte simplifiée de la végétation sur la côte d'Azur.
(Carte réalisée d'après la carte de végétation de la France, feuille d'Antibes et de Nice - du CNRS - par Paul Ozeuda et la carte simplifiée de la végétation des Alpes-Maritimes par R. Bornanem. Édition CRDP. Nice, 117, rue de France).

– Analyse sommaire des étages de végétation rencontrés

> Étage méditerranéen

Il s'étend de 0 à 800 m, c'est l'« étage de l'olivier », dans lequel on fait deux divisions: l'*étage méditerranéen inférieur* de 0 à 400 m et l'*étage méditerranéen supérieur* de 400 m à 800 m.

> Étage méditerranéen inférieur

Il débute sur le bord même du littoral. Entre la végétation marine, algues, posidonies et les premiers buissons s'étend une étroite bande de terre rocheuse ou sableuse où ne croissent que des plantes *halophiles* (amies du sel) ou des espèces le supportant.
Nous les avons découvertes ensemble (voir **itinéraire n° 8**). Nous avons vu, au printemps, de quelles splendeurs elles parent nos rivages. À quelques mètres de la mer commence la forêt.

Série du caroubier

Les *pins parasols*, en particulier, se plaisent dans ce climat où l'air est salé, mais les graines de *pin d'Alep* germent aussi entre les touffes de *lentisque (pistachier)* et leurs déformations, sous l'influence du vent dominant qui vient de la mer, révèlent à quel point ils luttent pour leur survie.
Entre Nice et Menton, dans la région que les touristes appelleraient volontiers la « zone de l'oranger », les botanistes disent: *la série du caroubier*. C'est l'arbre que nous avons rencontré au mont Alban et au mont Boron. Il est souvent de taille réduite sous les pins. Il croît librement le long de la côte et sur toute la Riviera ligure. S'il n'atteint pas la magnificence de ses cousins d'Afrique du Nord, on peut en rencontrer de fort beaux exemplaires sur tout le littoral entre Nice et Vintimille. Il se plaît dans les calcaires dolomitiques et supporte admirablement les exigences du climat méditerranéen. Il fructifie et donne des caroubes sucrées comestibles. Les graines sont faciles à faire germer et on peut replanter les jeunes plants en pleine terre.
Dans cette série du caroubier, nous trouvons des pinèdes à pin d'Alep magnifiquement développées au mont Alban, au mont Boron, avec parfois des lambeaux de l'ancienne chênaie à chênes verts.
Il existe de magnifiques exemplaires de ces chênes dans le parc départemental du mont Vinaigrier, à Nice.
On rencontre aussi dans cette série l'olivier sauvage et l'euphorbe arbrisseau (voir **itinéraire n° 6**).
Dans cette zone, le dynamisme de la végétation, nous l'avons vu, est particulièrement net.
Rappelons la reconstitution de la chênaie à chênes verts autour du fort du mont Alban (voir **itinéraire n° 6**).
C'est dans cette série du caroubier que l'influence de l'homme se fait le plus sentir: les climats locaux ont permis l'introduction d'une végétation exotique subtropicale (voir **itinéraires 1 à 5**).

Série du pin d'Alep

Elle s'étend au-dessus de la zone du caroubier jusqu'à 400 m sur terrains calcaires.

Ici, le pin d'Alep a dominé le chêne vert, en bosquets. Le sous-bois est essentiellement composé d'arbrisseaux méditerranéens: lentisque pistachier, genêt épineux, alaterne, phillaire à feuilles étroites, smilax, etc.

La strate herbacée est formée par un feutrage de graminées où domine le *brachypode rameux*. Lorsque la forêt est dégradée, on trouve une garrigue, c'est-à-dire une formation végétale ouverte qui laisse voir les roches entre les plants.

C'est dans cette garrigue, où dominent le thym, le romarin et le ciste cotonneux que l'on peut observer la remarquable adaptation des plantes à la sécheresse estivale du climat méditerranéen.

Ces plantes sont des *xérophytes*:

Certaines sont sclérophylles: c'est-à-dire qu'elles possèdent des tissus épaissis qui diminuent l'évaporation de l'eau (ex.: chêne vert, olivier).

La présence de duvet (ciste cotonneux), d'épines (genêt épineux), la réduction de la surface foliaire allant même jusqu'à la disparition totale des feuilles l'été (genêt d'Espagne), ou toute l'année (aphyllante: plante sans feuilles) sont autant de moyens pour lutter contre les pertes d'eau.

Beaucoup de feuillages de ces plantes vivaces sont persistants.

Leur période de vie active a lieu de l'hiver à la fin du printemps. Leur cycle de vie est adapté au climat.

Pour les plantes vivaces à bulbes (orchidées, liliacées), le développement des feuilles, la floraison, la fructification, s'échelonnent de novembre à mai; de juin à octobre, seul le bulbe persiste dans le sol desséché.

Enfin, beaucoup d'autres espèces sont annuelles et vivent d'octobre à fin mai.

Série du chêne-liège

Elle se développe sur les terrains siliceux à l'ouest de Nice, sur les coulées volcaniques de Biot et de Villeneuve-Loubet et surtout à l'ouest de Cannes sur les massifs siliceux du Tanneron et de l'Estérel (cf. carte de répartition des roches).

Dans la forêt à *chêne-liège*, le *chêne vert* est présent dans les ravins, et le *pin mésogéen* souvent abondant. Malheureusement des incendies fréquents détruisent chaque année des centaines d'hectares de forêt.

Il repousse d'abord une lande à *ciste* et à *lavande staechade*, puis un maquis, formation végétale fermée, souvent impénétrable où dominent les *arbousiers*, les *bruyères arborescentes*, les *cistes* et les *genêts épineux*.

Série à pin pignon

Elle est bien développée dans la région de Fréjus, Valescure et Mandelieu où elle forme des bois étendus où domine *le pin pignon*.

> Étage méditerranéen supérieur

De 400 m à 800 m, la végétation méditerranéenne est encore très typique avec olivier, chêne vert, genêt d'Espagne et ciste cotonneux.

Série du chêne vert

Cet arbre domine, mais comme on le rencontre aussi dans l'étage méditerranéen inférieur, les botanistes préfèrent dire *série du genévrier* qui est très abondant par endroits. Il est fréquent sur les rochers, notamment dans les vallées de la Siagne, de l'Estéron, dans la moyenne vallée de la Tinée, dans l'arrière-pays de Menton.

Série du chêne pubescent

Ce chêne dont nous avons admiré de beaux exemplaires (voir **itinéraire n° 18**) sur le plateau de Saint-Vallier-de-Thiey est très caractéristique de la rive droite du Var, sur les Préalpes calcaires. Dans son sous-bois on trouve du genêt d'Espagne, du sumac, de l'aphyllante. Il s'implante facilement sur les oliveraies abandonnées.

Série de l'Ostrya ou du charme-houblon

Le charme-houblon est une espèce à feuilles caduques originaire d'Asie Mineure et du sud de l'Europe et n'existe en France que dans les Alpes-Maritimes. Il a l'aspect du charme mais ses fruits en cônes rappellent ceux du houblon, d'où le nom de l'arbre.
Le charme-houblon forme des peuplements purs dans les ubacs des vallées de la Vésubie et de la Bevera (voir **itinéraire n° 13**).
Il s'infiltre même souvent dans les vallons frais de l'étage méditerranéen inférieur.
On rencontre dans cette série le pin mésogéen qui est mêlé à d'autres séries, à celle du chêne-liège dans l'Estérel, ou qui se trouve même sur terrain calcaire, à 1 000 m au col de Braus ! Aussi ne faut-il pas compter sur lui pour caractériser une série !

> Étage montagnard

Entre 800 et 1 600 m se développe l'étage montagnard. Il présente un aspect sec : série du pin sylvestre et du chêne pubescent.
Sur les adrets, le pin sylvestre nécessite un climat moins chaud que le pin d'Alep (il lui faut une température moyenne de 10 °C). Mais il aime la lumière. Le chêne pubescent se mélange avec les pins sylvestres.
Dans les sous-bois, le genêt à balai a remplacé le genêt d'Espagne, la sarriette, le thym, le genévrier commun, le genévrier cade. C'est aussi le domaine de la lavande.
La forêt dégradée fait place à des landes à lavande et genêt à balai.
Notons que le pin sylvestre se développe aussi au nord sur des versants plus humides avec le noisetier au-dessus des forêts de charmes-houblons.
Les châtaigneraies d'Isola (voir **itinéraire n° 17**), de Saint-Pierre (voir **itinéraire n° 19**) qui se rencontrent dans cet étage sur terrains siliceux ont été plantées.

Série du sapin

Elle caractérise un climat ou un mésoclimat plus humide. Nous avons trouvé de belles sapinières à Andon, sur l'ubac, à Peïra-Cava, dans les vallées de la Vésubie, de la Roya, souvent mélangées dans sa partie la plus haute aux épicéas.

Série du hêtre

Le hêtre se plaît dans les zones ombragées, froides l'hiver. Aussi le rencontre-t-on dans les ubacs des montagnes, comme à Peïra-Cava. On peut aussi le trouver sur les terrains plus secs comme au plateau de Caussols.

> Étage subalpin (1600 m à 2300 m)

Série du mélèze

Le mélèze ressemble un peu à un sapin, mais il perd ses aiguilles l'hiver. Il se mêle, dans la partie supérieure de l'étage montagnard, aux pins sylvestres.

Il est souvent associé à l'épicéa (ex. à l'Authion), au pin à crochets dans la Tinée, au pin cembrot ou arole à Isola.

Il monte jusqu'à 2000 m et même parfois jusqu'à 2300 m.

La forêt dégradée fait place à une rhodoraie où le rhododendron est associé au genévrier nain.

À la limite supérieure de l'étage subalpin, on trouve le « pin couché » qui lutte contre les intempéries en se déformant et en réduisant sa taille.

Dans cet étage, les prairies renferment une flore d'une richesse exceptionnelle que nous avons décrite dans nos itinéraires d'été (n° 13, Boréon; n° 14, Gordolasque).

> Étage alpin

Au-dessus de la forêt s'étendent les prairies alpines: la composition de la flore varie selon la nature du sol, nettement silicole au col de la Cayolle, calcicole à Valberg, mais aussi selon les divers biotopes: éboulis, prairies humides, combes à neige.

On pourra observer l'adaptation des plantes nivales aux exigences climatiques, en particulier, notons que le cycle de végétation des plantes vivaces est inversé par rapport aux espèces du littoral méditerranéen (schéma page suivante).

Comparons le cycle de végétation de deux orchidées.

l'orchis à longues bractées fleurit sur le littoral en janvier, sa période de vie active va de novembre à fin mai. La plante sèche en juin, le bulbe persiste dans le sol sec de l'été méditerranéen de juin à octobre. Tandis qu'une autre orchidée alpine, la nigritelle rose par exemple, a un cycle inverse.

Elle fleurit en juillet, sa période de vie a lieu de mai à septembre. Le bulbe résiste sous la neige d'octobre à mai jusqu'à la fonte des neiges.

En même temps, on note la diminution de la taille des plantes au fur et à mesure que l'altitude augmente.

Les plantes ont souvent un aspect gazonnant ou buissonnant avec une réduction de l'appareil végétatif.
L'extraordinaire richesse de la flore alpine méridionale tient à la coexistence de facteurs écologiques à caractères alpins et à caractères méridionaux (période plus courte d'enneigement, plus grande luminosité que dans les régions alpines plus nordiques).
Dans ce bref exposé, nous n'avons brossé qu'un tableau d'ensemble montrant l'importance, la complexité, la variation des facteurs écologiques d'un lieu à l'autre et leur rôle primordial dans l'équilibre des associations végétales.
Ainsi nous comprenons qu'il n'y a jamais deux forêts, ni deux prairies, ni deux rivages qui aient la même composition floristique.
Que l'homme intervienne en faisant varier un seul facteur écologique et l'équilibre fragile est rompu.
Après cette réflexion écologique, nous allons maintenant chercher les moyens de préserver ces associations végétales que nous avons découvertes au cours de nos promenades.

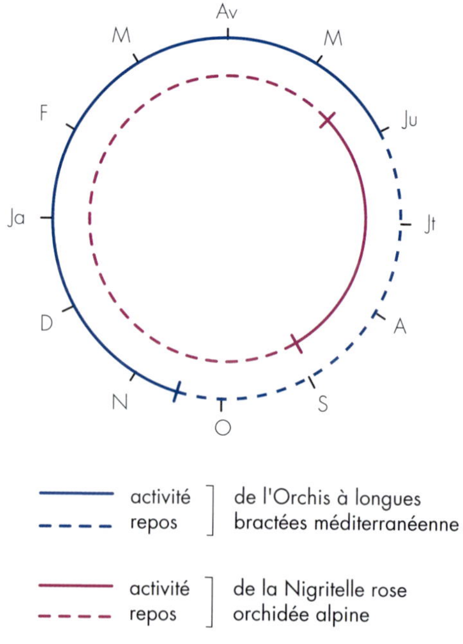

Comparaison du cycle de végétation de deux orchidées : une espèce méditerranéenne et une espèce alpine.

IV. La protection de la flore de la Côte d'Azur

Pour bien comprendre l'importance de ce problème, il faut avoir admiré le printemps sur les collines niçoises, l'été sur les cimes alpines. Il faut s'être penché sur une orchidée printanière pour la photographier, avoir suivi le recul des névés pour voir apparaître les premières soldanelles ou les premières gentianes. Mail il faut aussi avoir souffert d'être impuissant devant l'incendie, devant les pollutions, devant les agressions dues à l'ignorance, l'indifférence ou la cupidité.
Je pense qu'il est possible, par l'**éducation à l'environnement**, de vaincre l'ignorance, par l'éveil de la sensibilité devant les beautés de notre région méditerranéenne, et de diminuer l'indifférence.
Pour chercher les moyens de protéger cette nature que nous avons appris, au cours de nos promenades, à aimer et à respecter, il faut d'abord faire un bilan des relations homme-nature.
Il y a dans notre région des problèmes qui sont communs aux autres pays : faire vivre, donc nourrir, loger, éduquer, soigner et distraire une population qui s'accroît sans cesse.
Il y a alors le problème de l'aménagement du territoire sous tous ces aspects. Urbanisation, villes et résidences secondaires, zones industrielles, irrigation, construction de routes, agriculture, élevage, etc.
Mais dans notre région s'ajoute une difficulté supplémentaire. C'est une zone de loisirs, d'où la nécessité d'aménagements particuliers pour les sports d'été et d'hiver, entraînant l'hébergement d'un contingent important de touristes et de vacanciers.
Or, dès qu'un projet est lancé, deux clans se forment : celui des promoteurs et celui des amis de la nature. Dès le départ, le dialogue est impossible. C'est une lutte à armes inégales. La victoire du béton sur la nature. Les stations de ski, les ports de plaisance, les hôtels se sont éparpillés anarchiquement. Des espaces ont été détruits, des champs piétinés, des paysages défigurés.
Cependant, il faut noter depuis vingt ans des progrès incontestables :
> Acquisition d'espaces verts par le conservatoire du littoral.
> Remise en état et balisage de nombreux sentiers pédestres, publication par l'IGN de cartes au 1/25000e permettant un repérage facile sur le terrain.

> Création de parcs départementaux.
> Mise en valeur de la flore des parcs et jardins.
> Création de jardins botaniques écologiques.

Exemple : le jardin écologique de la haute vallée de la Gordolasque (en cours de création) près du lac Saint-Grat (**itinéraire n° 14**), dans l'étage subalpin. Un jardin écologique botanique présente les associations végétales naturelles sur un milieu de vie (aucune espèce n'est introduite).
Dans ce jardin, il existe, à l'état naturel :
- les plantes de rocaille (rupicoles),
- celles des prairies sèches, moyennement humides, humides,
- les plantes aquatiques,
- les essences d'arbres, d'arbustes de la forêt et celles de la lande à rhododendrons.

Plus de 200 espèces de l'étage subalpin en huit associations sur une petite surface de 3 000 m^2, un vrai trésor botanique à protéger et à faire découvrir aux visiteurs qui fréquentent la « vallée sublime » (**itinéraire n° 14**).

Un autre exemple, à la portée de tous les propriétaires de terrains : la création d'une **mini-réserve**. Je reprends l'exemple donné dans la première édition : l'acquisition en 1967 d'un terrain à Gilette, vallée de l'Estéron, à 400 m, dans l'étage méditerranéen supérieur, avec des terrasses d'oliviers non cultivées depuis trente ans.
Comme je désirais y construire une villa, je me suis trouvée devant la nécessité de concilier la protection de la nature avec l'aménagement d'une zone d'habitation.
Je fus donc dans l'obligation de débroussailler le terrain et c'est ainsi que je découvris les pratiques locales.
On me proposa d'abord le débroussaillage par le feu. Je vis comment il était pratiqué sur des terrains voisins. Après les pluies d'automne (entre le 15 octobre et le 15 mars, dates autorisées), on met le feu ! La terre est humide, les arbres ne brûlent pas, mais toute la strate arbustive est détruite : thyms, romarins, genêts et aussi tous les jeunes pins, chênes, etc. Il existe aussi les risques de propagation de l'incendie aux terres voisines. J'ai observé des incendies au mois de février, provoqués par de tels usages ! Sur ce désert obtenu rapidement et bien sûr économiquement, on replante des essences diverses et banales et c'est la défiguration du paysage naturel.
La deuxième solution qui me fut offerte était celle du débroussaillage par les moutons et les chèvres. Sur un terrain voisin, en quelques heures, je vis les moutons piétiner et détruire ainsi une dizaine de stations d'orchidées dont trois espèces rarissimes. Je vis également les chèvres coucher des arbustes de deux mètres de haut avec leurs pattes et les mutiler gravement en broutant les pousses terminales.
Je fis donc un inventaire écologique et opérai de la façon suivante : le

plan de la maison fut choisi en fonction des arbres. Pour sauver un olivier, je réduisis la surface de la salle de séjour.
Le débroussaillage fut réalisé seulement sur une surface suffisante pour permettre la construction et l'existence d'un périmètre de protection contre l'incendie.
Les orchidées de cette zone furent transplantées dans un biotope semblable (même sol, même orientation).
Dans la garrigue en surplomb, je fis pratiquer des allées de 1 m de large, ainsi qu'un chemin à la limite de la propriété pour circuler librement en cas d'incendie.
Je décidai de laisser intacte toute la partie du terrain à l'arrière de la maison, où la forêt était en voie de reconstitution. À cette petite réserve, je donnai en 1968 le nom de « mini-réserve ». Après en avoir fait l'inventaire floristique et faunistique, je constatai au fil des ans l'enrichissement de la biodiversité, notamment des insectes, et surtout des oiseaux. J'étudiai le *dynamisme de la végétation* : les jeunes pins d'Alep, chênes pubescents et chênes verts dépassaient maintenant les arbustes.
Malheureusement, un incendie détruisit en 1993 cette réalisation.
Les chutes de pierres se multiplièrent et à l'automne les eaux de ruissellement enlevèrent le peu de terre qui restait.
Cependant, contre toute attente, peu à peu la vie revenait : d'abord quelques plantes vivaces, smilax, chèvrefeuilles, genêts, alaternes et puis quelques chênes verts.
Aujourd'hui, de jeunes pins émergent à nouveau des touffes d'arbustes. Peu à peu les insectes reviennent, les cigales notamment, et en ce début d'hiver, en écrivant ces lignes, j'entends chanter les grives musiciennes qui trouvent ici refuge et se nourrissent sous les oliviers exempts de produits chimiques.

La généralisation de mini-réserves apparaît comme un moyen économique et efficace pour la protection de la biodiversité.

Index alphabétique des noms communs des espèces citées dans l'ouvrage

Les chiffres indiquent les pages

A

B

C

Index alphabétique des noms scientifiques des espèces citées dans l'ouvrage

Les chiffres indiquent les pages

Index alphabétique des noms de lieux cités dans l'ouvrage

Bibliographie

Ouvrages généraux:

Harant (H.) et Jarry (D.), *Guide du naturaliste dans le Midi de la France*, Delachaux et Niestlé, 4e édition, 1987.

Martin (Philippe), *Les Écologistes de Leuzière*, Bibliothèque du naturaliste, Delachaux et Niestlé, 1997.

Ménard (Thierry), *Connaître la flore des Alpes*, Éditions Sud Ouest, 2003.

Ménard (Thierry), *Guide de la flore méditerranéenne*, Éditions Sud Ouest, 2005.

Autres publications:

Barbero (L.), Loisel (R.), Parison (L.), *Bulletin de l'Association des naturalistes de Nice*:
- « Originalité biogéographique des Préalpes de Grasse », Fascicule 4, 1974;
- « Aperçu général de la flore de l'Esterel », Fascicule 2, 1969.

Giuglaris (A.-L.), *De l'acclimatation des végétaux exotiques dans le Midi de la France*, thèse de doctorat, 1940, Société générale d'imprimerie, 26, rue Smolett, Nice.

Lacoste (A.), *Bulletin de l'Association des naturalistes de Nice*, « Aperçu général de la flore du Mercantour », Fascicule 4, 1969.

Lapraz (G.), *Bulletin de l'Association des naturalistes de Nice*:
- « Notes sur les vestiges des forêts de chênes verts des environs de Nice », Fascicule 4, 1971;
- « Les Garrigues de dégradation du *Quercetum ilicis* entre Nice et la Turbie », 1er trimestre 1973;
- « Les Vestiges de l'*oleolenticum* du Cap Ferrat », Fascicule 4, 1974.

Ozenda (P.), *Carte de la végétation de la France au 1/250 000e*, CNRS, Feuille d'Antibes et feuille de Nice.

Poirion (L.), *Bulletin de l'Association des naturalistes de Nice*:
- « Flore de la vallée moyenne du Boréon », Fascicule, 1954;
- « Flore de la haute vallée et du bassin supérieur du Boréon ».

Rivièra scientifique, *Bulletin de l'Association des naturalistes de Nice*. Siège social: Muséum d'histoire naturelle, 60 *bis*, boulevard Risso, Nice.

Weill, *Bulletin de l'Association des naturalistes de Nice*, « Contribution à l'étude de la flore du département des Alpes-Maritimes », Fascicule 2, 1974; Fascicule 4, 1973.

Table des matières